DEL CONTRATO
AL DESPIDO

JUAN MANUEL LORENTE

DEL CONTRATO AL DESPIDO

CONOCE TUS DERECHOS PARA SOBREVIVIR EN LA SELVA LABORAL

la esfera 🜨 de los libros

Primera edición: marzo de 2026

© Juan Manuel Lorente Morán, 2026
© La Esfera de los Libros, S. L., 2026
Avenida de San Luis, 25
28033 Madrid
Tel.: 91 443 50 00
www.esferalibros.com

ISBN: 978-84-1094-251-6
Depósito legal: M-26970-2025
Composición: Versal CD, S. L.
Impresión y encuadernación: Cofás
Impreso en España-*Printed in Spain*

ÍNDICE

A mi prometida, mis padres y mi hermano.
En las buenas y en las malas, lo más importante de mi vida.

INTRODUCCIÓN
YO NO DEBERÍA ESTAR AQUÍ

Si nunca habéis creído en el destino, con este prólogo como mínimo pienso haceros dudar. Hace cinco años jamás habría pensado que estaría escribiendo este libro. Mi historia, como la de muchos de los que estáis dedicando un rato a ojear este libro, no ha sido una línea recta. El ambiente en mi casa desde que nací estuvo marcado a fuego por el derecho; es algo que siempre ha existido en mi vida desde que tengo uso de razón. Desde que fui teniendo un mínimo de conciencia y capacidad de cognición, siempre existía de fondo una conversación de mi madre discutiendo algún rompecabezas jurídico con un compañero. Era prácticamente un ritual dormirme y levantarme escuchando el tecleo torpe del ordenador, con mi madre redactando algún escrito urgentísimo. A la hora de la ducha temprana era más común oírla preparando una *instructa* (es el guion que los abogados usan para un juicio) que cantando cualquier tema de Sabina.

Todas estas escenas que vivía en casa tenían un elemento común intrínseco: la pasión. Diría que en la mayoría de las ocasiones esta pasión desbordaba el derecho; era mucho más asombroso admirar el cariño con el que trataba cualquier demanda, juicio o mera consulta, que la vertiente intelectual que pudiera tener la tarea que tenía entre manos. La pasión lo desbordaba todo a su alrededor, y el derecho absorbía la casa, las vacaciones, los fines de semana, etc. Sin embargo, cuando se es joven y rebelde, no se suelen llevar puestas las gafas de la admiración, sino las del hartazgo.

Hoy me emociono escribiendo este prólogo, pero hace diez años no quería escuchar hablar de derecho. A decir verdad, si todos los días almuerzas lentejas es normal que olvides el cariño con el que tu madre las cocina y empieces a detestar el olor desde por la mañana, sabiendo que el menú no va a variar nunca. Creo que la comparación más acertada que puedo haceros es la de un hermano adoptado, oriundo de la estepa rusa. No compartes sangre, no entiendes sus valores, creencias o concepto del mundo. Y por supuesto, no tienes ni la más mísera idea de cómo comunicarte con él, ni entiendes una sola palabra de lo que dice. Sin embargo, este hermanito es el favorito de tu madre. *Este* es el problema.

La pasión por algo crece de manera exponencial cuando ese algo lo sientes como propio. Es una fórmula prácticamente perfecta que hace que esa pasión tenga acceso directo a la corriente sanguínea con alfombra roja incluida. El derecho no solo era un *hobby*, era su forma de ganarse la vida. Entiendo que si estáis leyendo este libro es porque trabajáis por cuenta ajena (¡o no!). Pero os recomiendo no mezclar tu pasión con tu medio de vida; la conjunción de estos dos conceptos puede ser explosiva. El despacho de mi madre siempre ha sido su hijo favorito. Se levantaba a las seis de la mañana para cuidarlo y llegaba a las diez y media de la noche a casa, después de una interminable jornada todos los días.

Los fines de semana, agosto, julio, Semana Santa o cualquier viaje de más de veinticinco minutos eran buenos momentos para ponerse a investigar sobre cualquier tema o aprender un poco más sobre la idea jurídica más recóndita, que era (y sigue siendo) impresionante. Pero claro, como es normal, con mis gafas de joven inconsciente, harto de lo mismo, el derecho era el rival a batir. Me estaba robando a mi madre.

Dentro de este contexto en casa, llegó el momento de tomar decisiones a nivel estudiantil. Me sentía como el hijo primogénito de una monarquía bien establecida y con gran proyección de futuro: me pusiera como me pusiera, me iba a tocar. Era una cuestión matemática; el destino era inmutable. La pasión por el derecho de mi madre incluía un ideal claro: su hijo iba a ser abogado. Era una máxima en su vida, inquebrantable en esa forma de pensar. Era complicado expresar la rigidez mental con la que sostenía ese proyecto. Yo me encontraba ante una pared insuperable. La intensidad de la mirada de mi madre cuando me decía la carrera que debía estudiar traspasaba cualquier argumento en contra. Iba a estudiar derecho, sí o sí.

Esta imposición, por más que haya sido una de las mejores cosas que me han pasado en la vida, no ayudaba a que entre el derecho y yo surgiera un romance inesperado. Obligar (a la fuerza) a un adolescente reivindicativo y difícil a estudiar una carrera, con el historial en casa que ya conocéis, era un cóctel molotov. La carrera no fue apasionante; hubo intentos de fuga debido a que en mí despertaba un interés mucho más atractivo la comunicación.

Mi afición por el fútbol y el incipiente despertar de la creación de contenido en redes sociales fueron determinantes para que se instalara en mi cabeza la idea de querer acercarme al mundo de la comunicación. Amaba este deporte y me ilusionaba sentarme delante de una cámara a dar mis opiniones a quien quisiera escucharlas; era algo que me hacía feliz. Pese a la férrea defensa que tenía en casa, que me impidió desmarcarme del derecho a nivel universitario y fichar por el periodismo, fue inevitable hacer mis pinitos en el mundo de la comunicación.

Durante el final de mis estudios y el principio de mi carrera profesional en el despacho de mi madre, literalmente me sentía en un matrimonio concertado con lo jurídico y en un romance furtivo y adolescente con lo que realmente amaba: una cámara y un foco. El final de mi adolescencia mezclaba demandas y escritos matutinos con escaletas y guiones deportivos vespertinos. La historia perfecta que en Hollywood hubiera terminado con un periodista de élite; sin embargo, la vida real está muy alejada de esos guiones tan lineales.

A día de hoy, mirando esa etapa, pienso que fueron dos los factores que hicieron que el timón de mi vida realizara un viraje brusco a estribor. Por un lado, el poder compartir espacio de trabajo con mi madre; por otro, la madurez. Estos factores me cambiaron la vida. Yo, desde pequeño, solo sabía que mi madre se iba muy temprano y llegaba tarde a casa; no alcanzaba a ver más allá del enfado de no poder disfrutar de una madre. Descubrir lo que ocurría en ese lapso de tiempo y poder compartirlo con ella me provocó un cambio de mentalidad a tantos niveles, y tan radical, que sería complicado de verbalizar. Todo lo que había odiado, todo lo que había detestado durante tanto tiempo, todo lo que había jurado no repetir, ahora encajaba en mi mente.

Poder admirar cómo mi madre era realmente una superheroína dentro de su propio negocio, con poderes sobrenaturales para lo que hacía, me hizo dar un mortal con doble tirabuzón en mi forma de pensar. El hecho de aprender el idioma con el que hablaba mi madre, comprender sus dudas y compartir sus ilusiones por aprender, me dio un vuelco. Cambié las gafas de la rebeldía por la admiración más absoluta. Aquel hermano soviético que robaba el tiempo de mi madre y al que envidiaba y odiaba a partes iguales, se transformó en un hijo común al que cuidar con el mismo cariño con que lo había hecho mi madre, o incluso más. Había entendido a mi madre y, con ello, había entendido el derecho.

No os miento: una persona no cambia de un lunes a un martes. Sí, había comprendido muchas cosas, pero Juanma seguía siendo Juanma. Soy fiel defensor de que el hecho de que te guste algo nuevo no debe opacar ni ocupar el espacio de gustos pretéritos. Es más, cuando se produjo mi reconciliación con el derecho, si os soy sincero, tampoco absorbió mis noches ni mis días, ni devoré manuales como alma que lleva el diablo. Todo fue progresivo y poco a poco, hasta que logré encontrar mi sitio.

Un hogar puede ser una persona, un rincón de una ciudad, o la definición que tenemos en la mente cuando nos referimos a *nuestra* casa. Lo más característico de un hogar no es lo que físicamente entendemos como tal, sino que cuando estamos en él, lo sabemos. Eso me pasó a mí cuando mi mente hizo *clic*. Creo que cada persona, al menos una vez en la vida, debe tener esa sensación de que ha llegado al sitio donde pertenece y donde quiere hacerse viejito. Eso fue lo que sentí cuando descubrí que podía combinar mi pasión por la comunicación con mi nuevo amigo íntimo, el derecho.

Al principio, la creación de contenido en redes sociales estuvo muy asociada al entretenimiento puro y a los típicos tutoriales de cómo instalar un programa en el ordenador. No existía —o yo no supe verlo— ese hueco para la divulgación y, más concretamente, sobre derecho. Todo avanza, todo cambia, y las redes sociales no dejan de ser parte de este cambio; incluso a veces están en la punta de la innovación. Poco a poco, vi que había personas que se animaban a crear contenido divulgativo, algo que no tenía nada que ver con lo que yo había visto hasta ese momento. Este fue el empujón definitivo. Mi amor adolescente por las cámaras, mi conocimiento en derecho laboral, y ver a otros haciendo algo parecido hizo que me lanzara a crear contenido divulgativo sobre derecho laboral en redes. Esta, sin duda, ha sido la mejor decisión profesional que he tomado en mi vida.

Todo lo que ha venido después ha sido bonito, aunque me ha llevado más horas de trabajo de las que pensé que trabajaría en mi vida. Por un lado, a nivel profesional encontré el encaje definitivo donde me sentía a gusto; estoy más que realizado. Me divierto grabando, aprendo buscando contenido para compartir y tengo una comunidad maravillosa. De hecho, haber tomado esa decisión me está permitiendo estar sentado frente al ordenador escribiendo este libro. Por otro lado, ver cómo estás contribuyendo a lo que tu madre ha cuidado tanto es algo inexplicable.

Ahora, coliderando el despacho con mi madre, con más perspectiva, con años de experiencia y tras miles de consultas de derecho laboral respondidas, quiero hacer este libro para seguir ayudándote en tu trabajo, pero también para seguir alargando ese legado de mi madre y enmendar toda esa rebeldía que tuvo que soportar durante tanto tiempo. Finalmente, valió la pena, mamá.

1
ANTES DE ENTRAR EN TU NUEVO TRABAJO

Hacer una entrevista de trabajo siempre es una alegría. Si llevas tiempo en paro y estás buscando empleo, recibir una llamada de la persona encargada de recursos humanos de la empresa en la que dejaste el currículo hace una semana es motivo, como mínimso, de un brindis. Eso sí, lo que no sabes es que, igual que la empresa está tomando una decisión importante al apostar por ti para contratarte, tú también la estás tomando. Me atrevería a decir que la decisión que estás a punto de tomar tú es incluso más crucial para tu futuro que para el corto plazo, porque elegir dónde vas a trabajar puede marcar mucho más tu vida de lo que imaginas.

Si hacemos un examen rápido del comportamiento de la sociedad española respecto al trabajo, vamos a notar grandes diferencias entre el estado actual y el de hace cuarenta años. La gente ya no vive para trabajar, o por lo menos somos pocos los que lo hacemos.

Las prioridades de un ciudadano español han variado sustancialmente de un tiempo a esta parte. La conciliación familiar y el tiempo libre han ganado terreno frente a la posibilidad de ganar un sueldo más alto que el de tu vecino. Esto hace que quizá se le dedique menos tiempo a pensar dónde y cómo se va a trabajar. Y, bajo mi punto de vista, eso es un error.

He tenido miles de consultas en los últimos años; esto me ha permitido conocer de primera mano los problemas que existen en el día a día de los trabajadores. Confiar tu decisión de trabajar en una empresa únicamente al salario por hora es una forma muy limitada de valorar una oportunidad laboral. Reducir algo tan importante como tu bienestar profesional y personal a una simple ecuación económica es, además de simplista, peligroso. El dinero, por supuesto, importa, pero no es el único factor que determina la calidad de un empleo. Aspectos como el ambiente laboral, la carga de trabajo, las posibilidades de crecimiento, la estabilidad, la conciliación familiar o incluso la filosofía de la empresa pueden influir mucho más en tu felicidad diaria y en tu salud mental que una pequeña diferencia en el sueldo. A la larga, centrarte solo en el dinero puede hacerte caer en entornos tóxicos o insostenibles que terminarán pasándote factura, tanto profesional como personalmente.

Aunque no os lo creáis, la nómina está dejando de ser el foco de conflicto en la mayoría de consultas que recibo en el despacho. Las personas ya no se preocupan tanto por el «líquido» que les llega a fin de mes a su cuenta bancaria; hay problemas más graves.

Quiero que pienses en algo: ¿en qué lugar pasas más tiempo a la semana que en tu trabajo?

Si hacemos unas multiplicaciones sencillas vas a entender mucho mejor lo que te quiero explicar. Una semana tiene 168 horas en total. En el caso de que sigas la recomendación de tu médico de cabecera, dormirás unas 8 horas diarias, es decir, 56 horas semanales. Aplicando la aritmética, pasamos despiertos 112 horas a la semana. Si tu empresa es respetuosa con lo dispuesto en el Estatuto de los Trabajadores y estás a jornada completa, pasarás 40 horas a la semana trabajando. Por lo tanto, nos quedan 72 horas de la semana sin trabajar. Tendrías que pasar más del 55 por ciento de ese tiempo despierto en el mismo lugar para igualar las horas que pasas en tu trabajo. Da que pensar, ¿eh?

Las matemáticas no engañan: pasas en el trabajo un 35 por ciento del tiempo en el que estás despierto. ¿Crees que un sueldo compra la forma en la que te vas a sentir durante todo ese tiempo?

Como os decía antes, hay muchas más variables a tener en cuenta a la hora de elegir trabajo, porque pueden ser cruciales. Elegir un empleo puede acarrear consecuencias psicológicas y económicas totalmente inimaginables para ti si todavía no las has vivido o estás por entrar en el mercado laboral. Y, a veces, arreglar esas situaciones es complicado.

La mayoría de consultas que atiendo a diario en el despacho son por situaciones de acoso laboral, discriminación en el trabajo o, directamente, incomodidad con compañeros o superiores. Esto es peligrosísimo. Un sueldo bajo o una jornada excesiva pueden incomodarte y generarte frustración en determinados momentos, pero suelen ser dificultades puntuales que, con el tiempo, una reclamación o un cambio de empleo, pueden resolverse. Pero el acoso laboral o situaciones de discriminación van mucho más allá, puesto que no se acaban al terminar la jornada laboral. Obviamente es bastante complicado poder llegar a saber si vas a sufrir este tipo de situaciones antes de entrar en un trabajo; sin embargo, mi experiencia como abogado me obliga a avisarte.

Conozco casos de trabajadores que han terminado gastando grandes cantidades de dinero en psicólogos, médicos y —por qué no decirlo— abogados debido a una decisión errónea a la hora de elegir trabajo. Es decir, puestos que quizá eran atractivos por el suculento sueldo que ofrecían han terminado siendo pozos sin fondo en cuanto a gastos como los que os estoy contando.

Poder trabajar tranquilo y cómodo, en un ambiente agradable y donde te valoren como es debido, es mucho más importante que tu sueldo por hora. Si estás dudando entre dos opciones, valora esto que te estoy comentando. Mi intención no es verte por mi despacho quejándote de situaciones como las que te he descrito. Por eso estoy convencido de que elegir bien la empresa en la que vas a trabajar es una de las decisiones más trascendentes de tu vida profesional, mucho más de lo que suele reconocerse. Para la empresa, eres una pieza que puede cambiarse; para ti, en cambio, ese empleo puede marcar tu día a día, tu equilibrio emocional e incluso tu salud.

Cualquier mañana pueden llamarte a «esa sala» —ya sabes cuál— y comunicarte que prescinden de ti. Es un golpe duro, pero no te queda otra que asumirlo. En cambio, cuando eres tú quien decide marcharse porque ya no soportas el ambiente, la presión o la falta de respeto, la situación es mucho más complicada. Dar un portazo al trabajo implica dejar atrás el sueldo y, en muchos casos, renunciar al derecho a prestación por desempleo, algo que puede desestabilizar por completo tu economía.

Por eso, antes de aceptar una oferta, piensa que la empresa te elige solo una vez, pero tú tendrás que convivir con esa elección todos los días.

Más adelante entraremos en detalle en todas las situaciones espinosas que he mencionado, desde un punto de vista más profundo y práctico si, lamentablemente, ya las estás viviendo. Si alguna vez te encuentras en la tesitura de poder evitarlo, ten muy en cuenta todo esto que estás leyendo.

La oferta de trabajo

Todo empieza aquí. Se estima que más del 50 por ciento de las nuevas incorporaciones en las empresas se realizan a través de portales de empleo en internet. La conquista de internet es imparable, y cómo no, también ha llegado a este campo InfoJobs o LinkedIn, dos de las plataformas más presentes en nuestro día a día, aunque hay muchas más.

De hecho, incluso aquí hay que tener cuidado. Antes de entrar en el fondo de este tema, me gustaría hacerte una advertencia. Si bien en internet existen muchas oportunidades de encontrar trabajo, también existen verdaderas estafas. En mi despacho, desgraciadamente hemos tenido que lidiar con alguna de ellas. Hay personas que, disfrazándose de cazatalentos y viendo que has enviado tu CV a varias empresas, se aprovechan de tu situación. Se ponen en contacto contigo y te piden datos después de decirte que eres el elegido. Apuntan justo donde duele: hay personas realmente desesperadas que necesitan un empleo con urgencia para sacar adelante a su familia.

Esa llamada, para ellos, puede ser agua de mayo. Sin embargo, el objetivo de estos estafadores es mucho más oscuro. Entre los datos que te solicitan suelen estar una fotocopia de tu DNI y tu cuenta bancaria. Incluso llegan a pedirte que transfieras una cantidad ínfima a otra cuenta bancaria para «confirmar» cuál es tu cuenta corriente.

Aquí no está el engaño; no se lucran con los 50 céntimos de la transferencia. Es mucho más retorcido. Una vez que tienen tu DNI y tu cuenta del banco, pueden hacer mucho daño. Hay bancos en los que, con estos dos datos, se puede abrir una cuenta bancaria. Los estafadores abren una cuenta bancaria a tu nombre sin que tú lo sepas. ¿Y cuál es el peligro real? Esa cuenta se utiliza para recibir cantidades estafadas a otras personas. Es solo un puente puesto a tu nombre para recibir dinero ilegal. Cuando la tercera víctima se da cuenta de que ha sido estafada, la policía tira del hilo y descubre que el dinero está en tu cuenta.

En la situación descrita, estás fastidiado. No han sido pocos los clientes que han acudido al despacho justo en ese escenario. Es bastante complicado desvincular a los inocentes de estas estafas cuando su nombre y su DNI están vinculados a la cuenta bancaria receptora del dinero robado. Por esta razón, debes tener mucho cuidado cuando te pidan datos en un proceso de selección. Esto no es lo habitual, pero si puedes cerciorarte de que la empresa existe y de que no estás tratando con personas con intereses ocultos, mucho mejor.

Después de esta anécdota, me gustaría ahondar en el mundo de las ofertas de trabajo reales en LinkedIn o InfoJobs. No te voy a sorprender con esto: España está bastante atrasada en este campo, atrasada de verdad. Existe una Directiva Europea que obligaba a España —y al resto de países de la Unión— a trasponerla antes del 1 de agosto de 2022. Para sorpresa de nadie, no se ha traspuesto, al menos de forma completa. (Ya dejo de hablar en chino). Básicamente, se trata de una norma europea que obliga a las empresas a ser transparentes en las ofertas de trabajo, incluso durante la entrevista, y a proporcionar información detallada. España estaba obligada, antes de la fecha indicada, a crear una ley en su propio ordenamiento jurídico para incorporar todo lo que esta directiva recogía, pero no lo ha hecho.

Antes de escribir este capítulo he dado una vuelta por Info-Jobs, y la sorpresa ha sido mayúscula. De las diez ofertas que he visto, la única que incorporaba el sueldo era la que mi despacho tenía publicada.

Todas las demás especificaban claramente «salario no disponible». Es algo que me sorprende. ¿Qué razón lógica puede haber detrás de que el salario no figure en una oferta? Me hago las siguientes preguntas: ¿cuándo vas a enterarte del salario? ¿Les sentará bien a estas empresas que preguntes por el sueldo en la entrevista? ¿Qué persona con necesidad real de un trabajo pregunta el salario en una entrevista? ¿Te vas a enterar de cuánto vas a cobrar en la primera nómina?

Para contextualizar: estamos hablando de un nicho bastante cualificado, como es el de la abogacía. No me quiero imaginar las ofertas de trabajo en empresas donde los perfiles más habituales sean personas con menos formación. La falta de transparencia es tremenda en estos portales. Justo de esto se encarga la directiva de la UE que España aún no ha incorporado a su legislación. Una de las medidas estrella de esa directiva es la de informar a los trabajadores, en la oferta de trabajo, de todas las condiciones que van a tener, incluido, por supuesto, el sueldo. Información que, a día de hoy, no abunda en las ofertas.

También las empresas estarían obligadas, según esta directiva, a informar sobre funciones, jornada y convenio colectivo. Es información valiosa que debería estar al alcance de todos sin necesidad de regulación. Tristemente, tiene que venir una norma a imponer esto a las empresas.

La directiva incluye grandes sanciones para las empresas que no lleven a cabo este ejercicio de transparencia. No sé si a la fecha en la que estás leyendo este libro esta directiva estará ya traspuesta; de momento, la esperamos con ansias.

Aunque la información y la transparencia no brillen en los portales de empleo, sí hay empresas que lo hacen bien. Esto te puede ayudar a elegir. Y para ello una idea, mientras menos detalles te dé una oferta de trabajo, más tendrá que esconder la empresa que te contrata. Es decir, cuando las cosas están claras, se nota. Si una empresa sabe perfectamente lo que quiere, redactar una oferta de trabajo no es algo excesivamente complicado. Te expongo mi caso: en mi empresa, recientemente nos hemos dado cuenta de que necesitamos a otra persona que atienda a clientes en las asesorías. A partir de ahí, buscamos a un abogado que tenga experiencia en derecho laboral y habilidades en comunicación. Aclarado el tema de las funciones, se busca el salario que venga estipulado por convenio colectivo y se informa de él en la oferta. No veo mucho problema.

La falta de información en una oferta de trabajo no es un simple descuido: es una advertencia en sí misma. Cuando una empresa no detalla con precisión las condiciones del puesto, ya está enviándote señales sobre cómo gestiona su organización y, sobre todo, sobre el grado de transparencia con el que trata a sus trabajadores.

Si no te explican con claridad qué funciones vas a desempeñar, lo más probable es que termines asumiendo tareas muy distintas (y más numerosas) de las que imaginabas, convirtiéndote en ese perfil comodín que «vale para todo». Si la empresa evita especificar cuál será tu salario, es una pista de que puede estar por debajo del convenio o de lo legalmente exigible. Y si tampoco define cuál será tu jornada ni cómo se distribuirán las horas, puedes dar por hecho que acabarás haciendo horas extraordinarias o teniendo que adaptarte continuamente a cambios de horario sin compensación.

En resumen, una oferta vaga es una bandera roja: lo que hoy no se define por escrito, mañana será un problema que solo jugará en tu contra. La claridad y la transparencia no son un lujo, sino una obligación de la empresa y una garantía esencial para el trabajador.

Huye de las ofertas de trabajo que no son transparentes: con mucha probabilidad, las empresas que están detrás tienen algún motivo para no serlo. Es un filtro que funciona estupendamente y que te puede ayudar a tomar buenas decisiones desde el principio.

Voy más allá, hay algo que la mayoría de personas no hace, pero que tiene un valor importante: firmar un precontrato, o una promesa de contrato. Tanto si vas a cambiar de empresa como si estás desempleado, te lo recomiendo encarecidamente. En ese documento se recogerán tanto el salario prometido, la jornada, la categoría, como todas las condiciones laborales que se van a pactar. Lo más importante de este tipo de documentos suele ser la fecha de incorporación. De hecho, si esta no se cumple, y no te incorporas a esa empresa en la fecha acordada, se podrá pedir una indemnización por daños y perjuicios.

Este tipo de promesas de contrato o precontrato también sirven para protegerte en caso de que finalmente termines trabajando en esa empresa. A diario recibo consultas de trabajadores que fueron engañados antes de entrar en sus empresas. Se les promete un salario y posteriormente es otro. ¿Cuál es el problema? Si no está por escrito y firmado por la empresa, no se le puede exigir la diferencia. Cuando el salario ofrecido es más alto de lo que estipula el convenio colectivo, te recomiendo que, o bien se recoja en este tipo de precontrato o aparezca claramente en el contrato. Esto te ayudará bastante a ganar un juicio de reclamación de cantidad.

En realidad, los pasos más decisivos se dan antes incluso de firmar el contrato. Por eso considero fundamental advertirte de los riesgos que pueden ocultar algunas ofertas de trabajo, así como de las señales que pueden ayudarte a distinguir una oportunidad real de un posible problema. Elegir bien desde el principio no solo determina tu salario o tus condiciones laborales, sino que puede marcar la diferencia entre una trayectoria profesional estable y una experiencia frustrante. Una elección acertada te aportará estabilidad, seguridad y, sobre todo, la tranquilidad de saber que estás en un entorno donde se respetan tus derechos.

Preguntas prohibidas en la entrevista

Ya has visto la oferta de trabajo, has comprobado que te da toda la información necesaria para saber qué tipo de empleo te vas a encontrar y has decidido inscribirte.

Sin remedio, llega una de las situaciones que más estrés pueden generar en una persona: la famosa entrevista de trabajo.

Habitualmente, la mayoría suele enfrentar las entrevistas como un todo o nada. Si estás deseando encontrar empleo, solo piensas en agradar y mostrarte lo más valioso posible ante la persona que tienes sentada delante.

En cambio, este apartado va de todo lo contrario: todos los trabajadores tienen derechos en las empresas para las que trabajan, y esos derechos empiezan desde las entrevistas de trabajo.

La discriminación en el ámbito laboral es una de las conductas más perseguidas por la legislación española. Esta discriminación puede darse durante la relación laboral —a la hora de elegir a quién ascender o a quién despedir— o incluso antes de entrar en la empresa. De hecho, no son pocas las personas que han llegado a quejarse de esta situación en el despacho. La discriminación llega mediante preguntas que no se pueden hacer en una entrevista de trabajo. A continuación, a través de diferentes preguntas prohibidas, explicaré por qué no se pueden formular y cómo puedes reaccionar si te ves obligado a enfrentarlas durante un proceso de selección.

- **¿Estás embarazada o quieres tener hijos?**
  Respuesta sugerida: «Estoy plenamente disponible para el desempeño del puesto y sé organizar mi vida personal sin que afecte al trabajo».

  Da igual que seas hombre o mujer: no tienes que contestar a esto, ni deberías oír esta pregunta durante una entrevista. A la empresa no debería importarle absolutamente nada si tienes hijos o si piensas tenerlos. No tienes que contarle tu proyecto de vida al entrevistador. Es más, esta pregunta atenta directamente contra el artículo 14 de la Constitución Española, que recoge el derecho a la igualdad y a la no discriminación. Si te hacen esta pregunta, recuerda la respuesta anterior.

- **¿Qué edad tienes?**
Respuesta sugerida: «Tengo la experiencia y la energía necesarias para aportar mucho al equipo. ¿Quiere que le detalle mi trayectoria profesional?».
El edadismo es uno de los grandes problemas en el tejido laboral de España. A ciertas edades, muchas personas temen perder su trabajo por lo complicado que resulta pasar procesos de selección en otras empresas. Es por eso que la edad no debe ser un factor determinante a la hora de decidir si se incorpora, o no, a una persona a la empresa. Por esta razón esta pregunta no procede y no deberías responderla. Ten preparada la respuesta anterior. Solo existe una excepción, cuando la edad es requisito esencial para el tipo de contrato ofertado (por ejemplo, contrato formativo con límite legal; artículo 17 del Estatuto de los Trabajadores).

- **«¿Estás casado/a?». «¿Tienes pareja?». «¿Eres...?». Preguntas sobre tu estado civil, orientación sexual o identidad de género.**
Respuesta sugerida: «Mi vida personal no afecta a mi disponibilidad ni a mi compromiso profesional».
Estas cuestiones pertenecen a la esfera privada de cada individuo y tampoco deberían ser información relevante para decidir si te sumas al equipo. Tanto tu orientación sexual como tu estado sentimental son aspectos que la empresa no tiene por qué conocer y, por lo tanto, no deben ser objeto de pregunta en una entrevista de trabajo.

- **«¿Has estado de baja el último año?». «¿Qué enfermedades tienes?». «¿Sufres discapacidad?». Preguntas sobre tu salud, historial médico, discapacidad o bajas previas.**

Respuesta sugerida: «Prefiero centrarme en mi experiencia y en lo que puedo aportar al puesto. Estoy en plenas condiciones de asumir las responsabilidades del trabajo».

Parece una locura, pero yo también he conocido situaciones así. Evidentemente, la empresa no puede —ni debe— interesarse por tu historial médico en la entrevista. Hay empresas que quieren evitar contratar a personas que suelen estar de baja con asiduidad; sin embargo, esta información es privada y no debes compartirla. Tu situación médica solo será relevante al pasar el preceptivo reconocimiento antes de empezar a trabajar, algo que nada tiene que ver con la entrevista. Si te hacen esta pregunta, sal del paso con la respuesta indicada.

- **«¿De qué religión eres?». «¿Simpatizas con…?». Preguntas sobre religión, creencias, ideología o afiliación política.**
  Respuesta sugerida: «Prefiero centrarme en mis competencias y en cómo puedo aportar valor al puesto. Mi vida ideológica o religiosa pertenece a mi esfera privada y no afecta a mi rendimiento».

  La pregunta no solo es inapropiada, sino que también es ilegal, ya que de su respuesta se extraen datos especialmente protegidos y ajenos a la idoneidad profesional. Preguntar o usar esta información para decidir una contratación vulnera derechos fundamentales: igualdad y no discriminación (artículo 14 de la Constitución) y libertad ideológica y religiosa (artículo 16). En el marco laboral, el artículo 17 del Estatuto de los Trabajadores (ET) prohíbe cualquier discriminación en el empleo por estas causas. Además, la normativa de protección de datos impide tratar estos datos sin base jurídica y finalidad legítima.

- **«¿Eres delegado sindical?». «¿Has hecho huelga?». Preguntas sobre afiliación sindical o participación en huelgas.**
Respuesta sugerida: «Mi compromiso es con el desempeño del puesto y el cumplimiento de objetivos. Mi participación o no en actividades sindicales no afecta a mi capacidad profesional».

  La libertad sindical está protegida por la Constitución (artículo 28 de la Constitución) y por la Ley Orgánica de Libertad Sindical y de la misma manera que el caso anterior, el artículo del ET prohíbe la discriminación por afiliación o actividad sindical (incluida la huelga). Usar esta información para seleccionar o descartar candidatos constituye discriminación antisindical y puede comportar nulidad.

- **«¿De qué país eres realmente?». «¿Cuál es tu raza?».**
Respuesta sugerida: «Dispongo de la documentación necesaria para trabajar y cumplir con todas las obligaciones del puesto. Por lo demás, prefiero que nos centremos en mi experiencia y resultados».

  La selección por origen racial o étnico vulnera la igualdad y no discriminación (artículo 14 de la Constitución) y el artículo 17 del ET igual que en los supuestos anteriores. Sí, es lícito que la empresa verifique la autorización para trabajar (permiso de trabajo/residencia), pero no puede indagar en raza/origen ni usar la nacionalidad para discriminar cuando no sea requisito objetivo del puesto. El tratamiento de datos sobre origen racial/étnico está prohibido como dato sensible salvo excepciones muy tasadas.

Al igual que ocurre con la oferta de trabajo, estas preguntas dan más información al trabajador que al entrevistador. Si te encuentras con este tipo de cuestiones en un proceso de selección, es una bandera roja evidente. No te recomiendo en absoluto que empieces en una empresa que busca este tipo de información a la hora de seleccionar personal; evitar trabajos así puede ahorrarte algún disgusto. Poner la lupa en estas preguntas evidencia que la mercantil no es respetuosa ni empática con sus trabajadores Estas preguntas no solo te puede dar pistas sobre la empresa, sino que además están prohibidas.

La Ley de Infracciones y Sanciones del Orden Social, en su artículo 16.c, regula justamente esto: prohíbe obtener del candidato información personal durante los procesos de selección.

Si sufres algún episodio en una entrevista en el que tengas que soportar que intenten saber más allá de tu esfera privada, puedes acudir a la Inspección de Trabajo. Esta, si verifica que efectivamente se dan este tipo de situaciones, podrá sancionar a la empresa con multas de hasta 30.000 euros.

Y ahora viene la pregunta del millón: ¿cómo denuncio que me han hecho este tipo de preguntas si no lo puedo probar? Puedes hacerlo y es muy sencillo. Aquí viene la primera joya de este libro: puedes grabar sin ningún problema la entrevista de trabajo sin avisar al entrevistador. Voy más allá: no solo la entrevista de trabajo, puedes grabar cualquier conversación en tu trabajo sin avisar al resto de personas que están compartiendo la conversación contigo. Si te enfrentas a una entrevista y te hueles que vas a recibir el tipo de preguntas que hemos repasado, puedes grabarla sin problema y sin riesgo legal, siempre que cumplas un requisito: que participes en la conversación activamente.

Cumpliendo esta condición, esa grabación podrá utilizarse como prueba tanto ante la Inspección de Trabajo como en cualquier juzgado. Esto es algo que la gente suele desconocer, pero que puede ser de vital importancia, no solo en una entrevista de trabajo, sino en cualquier situación que se pueda dar en un centro de trabajo. Ten a mano el móvil o una grabadora y tendrás pruebas de prácticamente todo lo que hables con cualquier persona. ¿Sabías esto?

Por último, y antes de finalizar este capítulo, te dejo a modo de apunte qué información tienes y debes entregar al empleador:

- Identidad y contacto: nombre, DNI, teléfono, *email* (minimización de datos).
- Titulación, experiencia y competencias: ajustadas al puesto (pertinencia).
- Disponibilidad horaria y geográfica: solo en relación objetiva con el puesto.
- Permiso de trabajo: en personas extranjeras, sí puede (y debe) verificarse.
- Retribución y condiciones: negociación transparente y por escrito.
- Reconocimiento médico: solo tras la contratación o cuando sea imprescindible y proporcional al riesgo del puesto (artículo 22 de la LPRL), con confidencialidad (el empleador recibe apto/no apto).

En definitiva, conocer tus derechos antes de firmar un contrato o sentarte frente a un entrevistador es tu mejor herramienta de defensa. Saber qué información puedes compartir, qué preguntas debes rechazar y cómo actuar ante una situación irregular te coloca en una posición de fuerza y evita que te veas envuelto en abusos o engaños. El acceso a un empleo debe basarse en el mérito, la capacidad y la igualdad de oportunidades, no en aspectos personales o discriminatorios. Recuerda: la transparencia y el respeto comienzan desde la entrevista. Elegir bien y exigir tus derechos desde el primer día no es una muestra de desconfianza, sino de inteligencia profesional.

2
YA ESTÁS DENTRO

ntes de proseguir, es importante dejar claros dos conceptos que determinan las relaciones laborales dentro de una empresa. El primero es el Estatuto de los Trabajadores, la norma básica que regula cosas tan importantes como la jornada, los permisos retribuidos, las vacaciones y muchas cosas más. Eso sí, deja huecos, y estos huecos deben ser rellenados por los convenios colectivos de cada nicho de trabajo. No te preocupes, también hablaremos en profundidad de ellos. Aclarado esto, entremos en materia.

Aunque os parezca una tontería la siguiente pregunta, os aseguro que no lo es y por eso os traslado una duda existencial: ¿soy trabajador o no? Imagina que cada mañana fichas, cumples horarios, recibes órdenes y trabajas en las instalaciones de una empresa. Pero luego, cuando llega fin de mes, no tienes nómina… Tienes que emitir una factura.

Entonces aparece la gran pregunta: ¿eres realmente un trabajador por cuenta ajena, realizas trabajos familiares, eres un autónomo colaborador o económicamente dependiente o quizás seas un autónomo camuflado?

A todas estas cuestiones trataremos de dar respuesta en las líneas siguientes.

Trabajadores por cuenta ajena (incluidos en el Estatuto de los Trabajadores)

Aunque no venga explícitamente definido en el artículo 1 del Estatuto de los Trabajadores, se deduce claramente del mismo las cuatro características que definen a un trabajador por cuenta ajena:

1. **Voluntariedad.** La prestación de servicios no puede ser forzada; ha de existir consentimiento del trabajador.
2. **Retribución.** El trabajo se realiza a cambio de una remuneración pactada (salarial, no gratuita).
3. **Ajenidad.** El fruto del trabajo pertenece al empresario, que asume el riesgo y ventura de la actividad. El trabajador no participa directamente en los beneficios ni soporta las pérdidas.
4. **Dependencia o subordinación.** El trabajador se integra en la organización empresarial del empleador, sometiéndose a sus directrices, control y poder disciplinario.

Quizás os traslade una serie de datos que os parezcan muy técnicos y que exceden del contenido de un libro como este, pero os propongo que continuéis con la lectura porque os va a ser útil.

Pues bien, continuemos: si no concurren las notas anteriores, aunque haya una prestación de servicios, es decir, un trabajo para la empresa, quien la ejecute no tendrá la consideración de trabajador por cuenta ajena y, por ende, la relación contractual no estará regulada por el Estatuto de los Trabajadores.

Trabajadores ajenos al Estatuto de los Trabajadores

Trabajos familiares

El artículo 1.3.d del Estatuto de los Trabajadores (ET) excluye de su ámbito «los trabajos realizados a título de amistad, benevolencia o buena vecindad». Esto significa que, aunque alguien trabaje para otro, no siempre hay relación laboral. Si la colaboración se hace sin retribución y movida por un vínculo personal o social, no nace un contrato de trabajo. Pongamos como ejemplo la esposa que limpia el taller mecánico del marido:

- Caso 1: trabajo amistoso/benevolente (no laboral). La esposa acude de vez en cuando al taller de su marido, barre un poco o limpia una tarde puntual, sin percibir retribución, sin horario fijo y sin que exista expectativa de contraprestación económica. Aquí no hay contrato laboral, sino ayuda familiar desinteresada, excluida por el artículo 1.3.d del ET.
- Caso 2: relación laboral encubierta (sí laboral). La esposa acude todos los días al taller, en un horario establecido, asume tareas de limpieza de forma permanente y cobra una cantidad mensual (aunque se disimule como «gastos» o «ayuda»). En este supuesto los tribunales suelen declarar que existe relación laboral por cuenta ajena, porque concurren dependencia, ajenidad y retribución.

El trabajador autónomo

La Ley del Estatuto del Trabajo Autónomo (LETA; artículo 1.1 Ley 20/2007, de 11 de julio) lo define como la persona física que realiza de forma habitual, personal, directa, por cuenta propia y fuera del ámbito de dirección y organización de otra persona, una actividad económica o profesional a título lucrativo, dé o no ocupación a trabajadores por cuenta ajena. Es decir, el autónomo asume el riesgo y ventura de su actividad, organiza sus propios medios de producción, fija precios, clientes y horarios.

Por eso está excluido del concepto de trabajador por cuenta ajena del artículo 1 del ET:

- No hay ajenidad: lo que produce pertenece al propio autónomo.
- No hay dependencia: nadie lo dirige ni controla (más allá de obligaciones contractuales con clientes).

En resumen, el trabajador autónomo es, por decirlo de forma sencilla, su propio jefe. No tiene un superior que le diga qué hacer ni cuándo hacerlo, sino que asume tanto los beneficios como los riesgos de su actividad. Es quien decide sus horarios, sus tarifas y con quién trabaja, pero también quien se enfrenta solo a los altibajos del negocio. En definitiva, el autónomo es ese profesional que, lejos de fichar en una empresa, se gana la vida apostando por sí mismo, con toda la libertad —y la responsabilidad— que eso implica.

El trabajador autónomo económicamente dependiente (TRADE)

Figura introducida en la LETA (arts. 11 a 18). Es un autónomo «a medio camino», porque, aunque mantiene la independencia, tiene un alto nivel de dependencia económica respecto a un cliente principal. Por ejemplo, un transportista con su propia furgoneta que factura casi todo a una sola empresa de paquetería. Al tener solo un cliente, este tiene mucho poder de negociación. Pero no significa que sea un trabajador, aunque esté protegido. Los requisitos que lo definen son:

- Al menos el 75 por ciento de sus ingresos deben provenir de un único cliente, siendo este el elemento clave de esta figura.
- No tener trabajadores a su cargo ni poder subcontratar.
- Ejercer la actividad con criterios organizativos propios, aunque pueda recibir indicaciones técnicas.
- Contar con sus propios medios y materiales.

A diferencia del autónomo común, el TRADE debe tener un contrato por escrito con el cliente que debe inscribirse en el Servicio Público de Empleo Estatal (SEPE). No es optativo: la falta de registro es una irregularidad imputable al cliente. Sus derechos:

- **Derecho a vacaciones.** Aunque no tiene derecho al régimen clásico de vacaciones del ET, la LETA le reconoce al menos 18 días hábiles de descanso anual. Muchos desconocen u «olvidan» este derecho, y es reclamable.
- **Jornada y descansos pactados.** Puede fijarse un horario y descansos en el contrato. Si no se pacta nada, la empresa cliente puede intentar imponer ritmos propios de un asalariado, lo que roza la frontera con el falso autónomo.
- **Protección reforzada frente a la extinción.** El contrato TRADE no puede extinguirse libremente como un arrendamiento de servicios normal. El cliente solo

puede resolverlo por causas tasadas (incumplimiento grave, disminución sustancial del encargo, etc.). El TRADE puede reclamar indemnización por daños y perjuicios si se rompe sin causa.

En definitiva, los TRADE son autónomos que, aunque trabajan por su cuenta, dependen casi por completo de un solo cliente. Es decir, son autónomos, pero con jefe. La ley les da algo más de protección que a un autónomo normal —como tener contrato, derecho a descanso y ciertas garantías si los echan—, precisamente porque su independencia es más teórica que real.

El autónomo colaborador

Imagina un negocio familiar de toda la vida: la panadería de la esquina, el bar del barrio o un pequeño taller. El dueño está dado de alta como autónomo, pero necesita ayuda constante y de confianza. Entonces, no recurre a un empleado cualquiera, sino a alguien de su propia familia: algunos de sus hijos, esposa o padres son socios silenciosos de confianza. Esos son autónomos colaboradores.

Las claves jurídicas que los diferencian de los simples autónomos, con carácter general, son:

- Alta en la Seguridad Social: debe darse de alta en el Régimen Especial de Trabajadores Autónomos (RETA), no en el Régimen General.
- Cotización propia: paga sus cuotas, aunque suele beneficiarse de reducciones (bonificaciones del 50 por ciento durante 18 meses y del 25 por ciento los 6 siguientes).
- No existe contrato laboral: se presume colaboración familiar, salvo que se demuestre lo contrario.

- Convivencia y dependencia económica: debe vivir con el autónomo titular y depender de él.

El falso autónomo: el gran disfraz

Ahora imagina que trabajas cada día con bata de empresa, cumples un horario, sigues órdenes del jefe, usas las herramientas de la oficina…, todo como un asalariado más. Pero a fin de mes, en lugar de recibir tu nómina con retenciones y cotizaciones, tienes que emitir una factura.

Te dicen: «Eres libre, eres tu propio jefe». La realidad es que solo has cambiado la nómina por una factura… y has perdido derechos. Ese es el falso autónomo: un trabajador por cuenta ajena disfrazado de autónomo. Lo peor de los dos mundos.

Es una figura fraudulenta, común en la práctica, que surge cuando una persona figura como autónomo (emite facturas, cotiza en RETA), pero en realidad trabaja como si fuera un trabajador por cuenta ajena:

- Con horarios fijados por la empresa.
- Con retribución periódica pactada.
- Con medios de la empresa.
- Bajo dependencia y organización ajena.

En estos casos, los tribunales y la Inspección de Trabajo suelen recalificar la relación como laboral, imponiendo sanciones y obligando a dar de alta al trabajador en el Régimen General de la Seguridad Social.

Un caso paradigmático de falsos autónomos ha sido el establecido en la sentencia dictada por el Tribunal Supremo que resuelve de manera definitiva el mediático asunto de la compañía Glovo y los repartidores de las plataformas digitales. En este caso la empresa y el trabajador suscribían un contrato de prestación de servicios profesionales para la realización de recados y pedidos como trabajador autónomo, que posteriormente se concretó en una relación de TRADE.

Glovo le daba al repartidor dos cosas básicas: la aplicación del móvil, desde la que recibía los pedidos, y una tarjeta de crédito para pagar lo que los clientes encargaban. Todo lo demás corría del bolsillo del autónomo: tenía que poner y mantener su propia bici o moto, y también su propio teléfono. En resumen, la compañía marcaba la forma de trabajar, pero el trabajador tenía que poner los medios para hacerlo. Sin embargo, en la realidad el repartidor de Glovo no actuaba como un autónomo real porque no organizaba su trabajo libremente, sino que estaba sometido a las reglas de la empresa. La herramienta esencial para poder trabajar —la aplicación— era propiedad exclusiva de la compañía, que además controlaba en todo momento al trabajador mediante la geolocalización y un sistema de inspección y valoración.

No era él quien decidía los precios, la forma de pago ni las condiciones del servicio, sino la empresa, que incluso le facilitaba una tarjeta para realizar compras y le pagaba compensaciones por tiempos de espera. Todo ello muestra que el riesgo y la responsabilidad no recaían sobre el repartidor, sino sobre la plataforma, lo que evidencia la ajenidad propia de una relación laboral, y dejaba claro que eran auténticos trabajadores por cuenta ajena.

Las relaciones laborales especiales y las relaciones laborales con singularidades

Hay que diferenciar entre estas dos categorías como exponemos a continuación:

- Relaciones laborales especiales: son excepciones con una regulación distinta. Se trata de trabajos que, por sus características, no encajan del todo en las reglas generales del Estatuto de los Trabajadores, como ocurre con las empleadas de hogar o altos directivos.
- Relaciones laborales con singularidades: son relaciones laborales normales que presentan singularidades. Trabajos que, por sus características, no encajan del todo en las reglas generales del Estatuto de los Trabajadores, como acontece con los trabajadores de la Administración pública (indefinidos no fijos) o los centros especiales de empleo, donde se aplican las reglas generales del Estatuto de los Trabajadores, pero con ajustes específicos.

Dentro de estas dos categorías destacamos las siguientes:

- El alto directivo.
- Servicio de hogar familiar.
- Trabajadores de empresa de empleo temporal (ETT).

El alto directivo

El alto directivo está regulado como una relación laboral especial caracterizada por su autonomía, poder de decisión y régimen flexible, especialmente en materia de contratación y extinción, con más margen de negociación que un trabajador ordinario.

No puede considerarse alto directivo a mandos intermedios o a directores de empresa, aunque tengan mucha responsabilidad en la empresa. La nota definitoria de esta figura reside en tener poderes inherentes a la titularidad jurídica de la empresa y relativos a los objetivos generales de la misma, teniendo plena autonomía y no necesitando permiso para tomar cada decisión. Son un jefe, pero con un jefe por encima.

Su contrato siempre debe formalizarse por escrito, pudiendo tener el carácter indefinido o temporal, y su regulación no viene establecida por lo dispuesto en el convenio, sino por lo que establezcan las partes, aplicándose el Estatuto de los Trabajadores solo de manera supletoria cuando esté regulado entre las partes o en el real decreto de aplicación.

En cuanto a la extinción de esta relación especial, estas son las notas fundamentales:

- La empresa puede desistir libremente, con un preaviso mínimo de 3 meses.
- Indemnización mínima: 7 días de salario por año de servicio, con límite de 6 mensualidades (aunque puede pactarse más en el contrato). Es llamativo cómo esta figura está mucho menos protegida que cualquier otro trabajador, en el que el despido es de 33 días por año trabajado. Más de 20 días menos cuando es un puesto de mucha responsabilidad.
- También cabe despido disciplinario.

Servicios del hogar familiar

(Real Decreto 1620/2011 y en el Estatuto de los Trabajadores, artículo 2.1.b del ET).

En este régimen especial, el contrato presenta las siguientes características:

- Puede ser verbal si dura menos de 4 semanas, pero lo normal es por escrito.
- Puede ser a jornada completa o parcial.

- Es importante establecer en el contrato el objeto del mismo, es decir, detallar qué labores va a desempeñar la empleada de hogar. Dado que el trabajo se desarrolla en un entorno doméstico, detallar las tareas ayuda a equilibrar la confianza familiar con la seguridad jurídica de la trabajadora.

Los derechos laborales dignos de destacar son:

- Salario mínimo: nunca inferior al sueldo mínimo interprofesional (SMI) por hora o mes.
- Vacaciones: 30 días naturales al año.
- Pagas extra: 2 al año (salvo prorrateo).
- Descanso: al menos 12 horas entre jornada y jornada (puede reducirse a 10 si duerme en la casa).

En materia de cotización a la Seguridad Social, la reforma llevada a cabo en 2022 introdujo cambios muy beneficiosos para este colectivo:

- El empleador tiene la obligación de dar de alta a la trabajadora en la Seguridad Social.
- Cotizan igual que en el Régimen General.
- En lo relativo a la extinción del contrato, antes de la reforma existía el «desistimiento» sin causa, pero desde 2022 ya no es posible. Ahora se exige una causa justificada, como en cualquier otro despido.
- Tienen derecho a la prestación por desempleo.

Trabajadores de ETT

(Ley 14/1994, de 1 de junio, por la que se regulan las ETT).

La diferencia en este tipo de relaciones contractuales reside en que el trabajador firma contrato laboral con la ETT, pero presta servicios en la empresa usuaria. Este es el único supuesto legal de cesión de trabajadores, todos los demás supuestos que se pueden encontrar en la realidad del mercado laboral estarían encajados en una figura prohibida por nuestro derecho: la cesión ilegal de los trabajadores, extremo que retomaremos más adelante en este epígrafe.

La nota fundamental en estos contratos laborales consiste en que la dirección y control del trabajo los ejerce la empresa usuaria, aunque la relación jurídica es con la ETT.

En esta tipología de contratos destaca una idea fundamental que debe tenerse presente en todo caso: igualdad de condiciones laborales.

El artículo 11 de la Ley 14/1994 garantiza que el trabajador de ETT debe recibir la misma retribución básica y complementaria que si estuviera contratado directamente por la empresa usuaria para el mismo puesto.

En cuanto a su duración el contrato de puesta a disposición debe ajustarse a las modalidades temporales previstas en el ET (eventual por circunstancias de la producción, interinidad…).

No puede utilizarse para sustituir a trabajadores en huelga ni para cubrir puestos con riesgos especiales sin la formación adecuada. La ETT debe garantizar la formación preventiva y la empresa usuaria es la responsable de las condiciones de seguridad y salud en el centro de trabajo.

En lo relativo a la indemnización al finalizar el contrato si este es temporal, procede la indemnización legal (12 días por año trabajado en la actualidad), igual que en los contratos temporales ordinarios.

A pesar de la legalidad aparente de este tipo de relaciones contractuales, lo cierto es que en muchas ocasiones se utiliza como una pantalla jurídica que encubre una figura prohibida en nuestro derecho, la cesión ilegal de trabajadores. Pero ¿en qué supuestos se incurre en esta ilegalidad?

Como venimos exponiendo, una empresa de trabajo temporal (ETT) puede contratar a un trabajador y «cederlo» a una empresa usuaria, pero siempre dentro de los límites que marca la ley. El artículo 43.1 del Estatuto de los Trabajadores (ET) lo deja muy claro: solo las ETT debidamente autorizadas pueden hacerlo. Ahora bien, esa autorización no significa que puedan usarse para cualquier necesidad, utilizando este contrato como patente de corso.

El artículo 6.2 de la Ley 14/1994, de 1 de junio (Ley de Empresas de Trabajo Temporal) concreta que los contratos de puesta a disposición entre una ETT y una empresa usuaria solo son válidos en los mismos casos en los que la empresa usuaria podría haber hecho un contrato temporal directamente, es decir, en supuestos previstos en el artículo 15 del ET: por ejemplo, para cubrir una sustitución o una acumulación de tareas puntual.

Cuando ese contrato de puesta a disposición se utiliza para cubrir necesidades constantes y permanentes dentro de la empresa, es fraudulento. En ese caso, se produce lo que la ley llama cesión ilegal de trabajadores. La consecuencia jurídica es importante: el ET dice que tanto la ETT como la empresa usuaria serán responsables solidarias de todas las obligaciones laborales y de la Seguridad Social. Además, el trabajador tiene derecho a elegir si quiere un contrato indefinido con la ETT o con la empresa en la que realmente está trabajando. Lo lógico es quedarse con el contrato indefinido en la empresa donde se está trabajando.

La sentencia del Tribunal Supremo de 4 de julio de 2006 confirmó precisamente este criterio: si la contratación a través de ETT se utiliza para cubrir puestos estructurales de la empresa usuaria, sin verdadera causa temporal, estamos ante una cesión ilegal. No basta con tener un contrato firmado; lo que cuenta es la realidad de la prestación de servicios.

En resumen, una relación con ETT pasa a ser una cesión ilegal de trabajadores cuando lo que se pretendía como una contratación temporal y excepcional se convierte en un mecanismo para cubrir de forma permanente y ordinaria la actividad de la empresa usuaria. La ley y la jurisprudencia del Tribunal Supremo cierran el paso a esta práctica y ofrecen al trabajador la protección de ser considerado fijo en la empresa real para la que trabaja.

La anterior situación se produce muy frecuentemente y debemos estar alerta, ya que si finalmente la empresa usuaria contrata al trabajador después de múltiples contratos ilegales con la ETT, algo muy frecuente en la práctica, el contador se pondrá a cero con la nueva contratación, reflejando una fecha de antigüedad errónea, que podrá ser reclamada a la extinción del contrato o en cualquier momento de la relación contractual.

Un ejemplo práctico que puede ilustrar esta ilegalidad puede ser cuando un trabajador firma un contrato fijo-discontinuo con la ETT. Cada verano y cada Navidad lo llaman, pero siempre para el mismo supermercado de la misma cadena, en la misma caja, junto al resto de cajeros de plantilla fija. En la práctica, es un empleado fijo de la cadena de supermercados, no de la ETT, ya que siempre desempeña las mismas funciones en el mismo lugar de trabajo. En este supuesto, estamos ante una cesión ilegal.

3

ENTENDER TU CONTRATO. LO QUE NO ESTÁ POR ESCRITO NO EXISTE

«Enhorabuena, has sido seleccionado para comenzar en ese trabajo que tanto soñabas y eres un trabajador por cuenta ajena. Te incorporas mañana; firma el contrato ahora mismo». Si recibes este mensaje después de la entrevista es posible que pienses en todo menos en tus derechos. Es lógico y normal que no dediques ni una milésima de tiempo a leer lo que pone en el contrato. Es posible que, incluso si logras mantener la cabeza fría en ese momento, tampoco entiendas ni la mitad de lo que lees en él, y no sepas que puedes estar cometiendo errores que podrían suponerte dolores de cabeza en el futuro.

Los comienzos en las empresas suelen ser bonitos. Todo es nuevo: nuevo jefe, nuevos compañeros, nueva oficina… Todo parece ir bien. En el subconsciente de cualquiera, cuando empieza una nueva aventura casi nunca aparece la idea de que la empresa te la puede jugar. Al principio de las relaciones las personas solemos mostrar lo mejor de nosotros mismos y confiamos en el prójimo, seguramente por la falta de información. En cambio —y sin ánimo de que el pesimismo se apodere de ti—, es muy recomendable dejar todo claro desde el principio de una relación laboral. El momento más común para asesorarse con un abogado laboralista suele ser cuando se avista el final de la relación laboral, sin embargo, asesorarse al principio puede evitar sorpresas y disgustos el día de mañana.

Todo empieza en el contrato. Es la primera señal de aviso. Por mucho que la empresa te haya comunicado verbalmente tus condiciones, si allí no aparecen por escrito, no existen. Lo que no está escrito no existe, y viceversa. Me he encontrado con situaciones en las que al trabajador le habían prometido que no tendría que desplazarse de su ciudad para trabajar, y en el contrato había firmado que podía moverse por toda España. Firmar el contrato no es un problema; el problema es rubricarlo sin saber las consecuencias.

Comencemos por el principio. Si tienes tu contrato a mano, puedes cogerlo para revisarlo juntos. Si lo vas a firmar en el futuro porque estás por entrar en la empresa, apúntate esto que vamos a repasar, y vuelve cuando tengas el contrato en tus manos.

Cláusulas básicas y sus trampas más comunes

Cláusula a cláusula, veremos las circunstancias que debes tener en cuenta según lo que aparezca en cada una. Te explicaré las consecuencias de firmar cada tipo de contrato para que no te lleves ninguna sorpresa en el futuro (aunque igual te la llevas ahora).

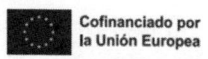   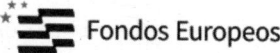

 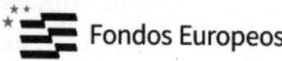

Lo primero que nos encontramos es el encabezado, donde podemos ver el tipo de contrato. Es uno de los elementos más importantes a la hora de analizarlo. Si la empresa te ha prometido que vas a ser un trabajador indefinido, tu contrato debería parecerse mucho al del modelo estándar. El contrato indefinido es aquel que te vincula laboralmente con la empresa sin una fecha de finalización. Esto no significa que vaya a durar para siempre, ni mucho menos, sino simplemente que no se conoce cuándo terminará. En el despacho han acudido muchas personas que comenzaron con este tipo de contrato creyendo que permanecerían largo tiempo en la empresa y, finalmente, estuvieron menos que con un contrato temporal. A decir verdad, es el contrato soñado por la mayoría de trabajadores, ya que ofrece mayor estabilidad y puede ser una ventaja a la hora de solicitar una hipoteca. Sin embargo, en el ámbito laboral —y teniendo en cuenta cómo funciona el despido en España—, si no acumulas una antigüedad considerable, este contrato no garantiza una protección real.

En caso de que la empresa te haya contratado solo por una temporada o con la intención de finalizar la relación laboral en pocos meses, lo habitual es que en el encabezado aparezca «Contrato de trabajo temporal». Este tipo de contrato se ha convertido en un comodín mal utilizado por muchas empresas. En principio, y sin entrar en excesivos detalles técnicos, puede emplearse por dos motivos principales.

- El primero es el de sustituir a una persona con derecho a reserva de su puesto de trabajo. Imagina que tu hermano trabaja en una empresa y sufre un accidente de tráfico —nada grave, pero que le impide trabajar durante un tiempo—. El jefe de tu hermano sabe que has estudiado lo mismo que él y se pone en contacto contigo para que lo sustituyas hasta su recuperación. En este caso, el contrato que debe ofrecerte es un **contrato de sustitución**. Este contrato durará el tiempo que tarde tu hermano en recuperarse y estar disponible para reincorporarse. Una vez que obtenga el alta médica, tu relación laboral con la empresa finalizará automáticamente.

- El segundo tipo que encontramos en la práctica es el **contrato temporal por circunstancias de la producción**. Volvamos al ejemplo de tu hermano. Supón que es emprendedor y tiene una tienda de pantalones. Un día recibe un pedido inesperado y de gran volumen. Para poder atenderlo, necesita contratar a diez personas más. Estos diez empleados deben ser contratados mediante este tipo de contrato, ya que está pensado para situaciones excepcionales o imprevisibles que obligan a la empresa a reforzar su plantilla temporalmente. Tu hermano jamás había recibido un pedido tan grande y tampoco sabe si volverá a tener otro similar. Por ello, puede contratar a esas diez personas de manera temporal para hacer frente a ese incremento puntual del trabajo.

Si el pico de producción se convierte en algo habitual, tu hermano tendrá que transformar esos contratos temporales en indefinidos para mantener a los trabajadores en plantilla. En cambio, si tras el gran pedido la producción vuelve a la normalidad, podrá dejar que los contratos expiren y prescindir de esas diez personas. Los contratos temporales por circunstancias de la producción tienen una duración de seis meses, ampliable hasta un año siempre que así lo permita el convenio colectivo aplicable.

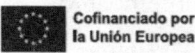  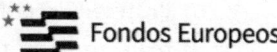

CONTRATO DE TRABAJO DE FORMACIÓN EN ALTERNANCIA ◄

También nos podemos encontrar con esta cabecera. Si la has visto hace poco, eres joven; de hecho, seguro que tienes menos de treinta años. La primera particularidad de este tipo de contrato es que tiene una limitación de edad fijada en esa franja. El **contrato de formación en alternancia** es, seguramente, el gran desconocido de tu oficina. En la mayoría de los casos, cuando alguien firma su primer contrato se encuentra con esta modalidad sin saber realmente qué significa. En pocas palabras, es un contrato pensado para que trabajes y, al mismo tiempo, te formes. No se trata de un invento de las empresas para pagar menos (aunque, admitámoslo, algunas lo usen con esa intención), sino de una fórmula que busca que el trabajador joven pueda ganar experiencia real en la empresa mientras estudia una titulación oficial.

La teoría es bonita: durante una parte de tu jornada estás aprendiendo en el aula (o en la plataforma *online* de formación) y el resto del tiempo aplicas esos conocimientos en la práctica diaria de la empresa. Por eso se llama «en alternancia», porque combinas estudio y trabajo. El salario que recibes no es completo, sino proporcional al tiempo que realmente dedicas a trabajar. ¿Qué significa? Que si, por ejemplo, el 65 por ciento de tu jornada la pasas en la empresa y el resto en formación, cobrarás en proporción a ese 65 por ciento. Eso sí, nunca puede estar por debajo del salario mínimo interprofesional en la parte trabajada.

Lamentablemente, este tipo de contrato se usa de manera fraudulenta por muchas empresas. Suelen obligar al trabajador a desempeñar el cien por cien de la jornada. Mientras desarrollan su trabajo, mantienen abierta una pantalla en el ordenador con la formación *online*, como si estuvieran aprendiendo. Sin embargo, están realizando su trabajo durante toda la jornada laboral.

Aquí es donde surge el problema: pese a que estén trabajando el cien por cien de la jornada laboral, solo cobran el porcentaje que estipula el contrato, es decir, el 65 o el 85 por ciento. La empresa cuenta con un trabajador operativo durante toda la jornada y, después, en la nómina, se aprovecha de las condiciones del contrato. Si estás en esta situación, te aconsejo que te asesores.

Este contrato no puede durar eternamente. Normalmente se fija entre un mínimo de tres meses y un máximo de dos años. Y, cuando se agota, la empresa debe decidir si te incorpora con otro tipo de contrato o no.

En definitiva, es una puerta de entrada al mercado laboral, pero debes tener claro que tu formación no es un regalo: forma parte de tu contrato, y la empresa está obligada a garantizarla. Gracias a este libro, ya sabes las trampas que se pueden utilizar con este contrato: no las toleres.

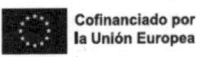  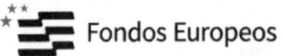

El final de la carrera lleva este contrato de la mano: el **contrato formativo para la obtención de la práctica profesional**. En la mayoría de universidades españolas, lamentablemente, no se prepara al alumnado para la práctica profesional; este contrato sí lo hace, o al menos está pensado para ello. Solo puede firmarse dentro de los tres años siguientes a la obtención del título (cinco en el caso de personas con discapacidad). Esto significa que es un contrato diseñado para quienes están dando sus primeros pasos en el mercado laboral, no para etapas más avanzadas de la vida profesional.

La duración mínima de este contrato es de seis meses, y puede alcanzar como máximo los dos años. Durante ese tiempo, la empresa debe asignarte tareas directamente relacionadas con la titulación que has obtenido. No se trata de «estar ocupado», sino de que la experiencia sea coherente con los estudios que acabas de finalizar.

La diferencia de este contrato respecto al anterior que hemos analizado es que no incluye formación teórica (a menudo inexistente en la práctica), sino que te permite aplicar los conocimientos adquiridos durante tu formación académica. En cuanto al salario, no debe ser inferior al de cualquier compañero de igual categoría, ya que lo determina el convenio colectivo.

Personalmente, considero que este tipo de contrato es el más interesante de todos. Vivimos en un mercado laboral difícil para los recién titulados, donde la mayoría de las empresas exigen experiencia previa para incorporarse a sus equipos y rara vez confían en quienes acaban de terminar sus estudios. En cambio, gracias a este contrato, las empresas pueden apostar por jóvenes sin experiencia de forma más accesible, ya que se trata de un contrato temporal con importantes bonificaciones en las cotizaciones a la Seguridad Social.

A diferencia del contrato de formación en alternancia, el trabajador recibe el cien por cien de su salario, por lo que la empresa no puede aprovecharse de la falta de experiencia del recién graduado.

DATOS DE LA EMPRESA

CIF/NIF/NIE		

D./DÑA.	NIF/NIE	EN CONCEPTO (1)
NOMBRE O RAZÓN SOCIAL DE LA EMPRESA	DOMICILIO SOCIAL	
PAÍS	MUNICIPIO	C. POSTAL

DATOS DE LA CUENTA DE COTIZACIÓN

RÉGIMEN	CÓDIGO CUENTA COTIZACIÓN	ACTIVIDAD ECONÓMICA	

DATOS DEL CENTRO DE TRABAJO

PAÍS	MUNICIPIO

DATOS DEL/DE LA TRABAJADOR/A

D./DÑA.	NIF/NIE	FECHA NACIMIENTO	Nº AFILIACIÓN SEGURIDAD SOCIAL
NIVEL FORMATIVO		NACIONALIDAD	
MUNICIPIO DEL DOMICILIO		PAÍS DOMICILIO	

con la asistencia legal, en su caso, de D./Dña.
con NIF/NIE ...., en calidad de (2)

Seguimos analizando la información que figura en el contrato. En esta primera parte deben aparecer **los datos de la empresa que te contrata y los tuyos**. Puede parecer evidente que en esta sección no hay ningún riesgo y que no merece la pena detenerse a revisarla. Error. Existen muchos casos en los que la empresa que te contrata aparentemente no es la que figura finalmente en el contrato, y esto puede inducir a error a más de uno. De hecho, esta situación puede desembocar en una cesión ilegal de trabajadores. Es decir, si fichas por una empresa, pero en tu contrato aparece otra distinta, puede que estés siendo puesto a disposición de una empresa tercera, lo cual es ilegal.

Del mismo modo que cuesta entender esta situación al leerla, también puede ser difícil identificar quién es realmente tu empleador, ya que una cosa es la empresa que aparece en el contrato y otra muy distinta la que toma decisiones sobre tu trabajo. Imagina, por ejemplo, que estás contratado por una empresa de electricidad, pero trabajas en una fábrica de mayonesa como electricista. Tus superiores pertenecen a la empresa que gestiona la fábrica, tus horarios los fija esa misma empresa, si cometes un error te sanciona la fábrica y las vacaciones también las decide la fábrica.

En definitiva, toda tu relación laboral la controla una empresa distinta a la que aparece en tu contrato. Esto puede tener consecuencias importantes: es posible que el convenio colectivo aplicable en la fábrica de mayonesa establezca salarios más altos que el de la empresa de electricidad que figura en tu contrato. Sin embargo, al estar vinculado formalmente a esta última, cobrarás menos que tus compañeros que realizan las mismas funciones. Lo mismo puede ocurrir con los días de asuntos propios o con las vacaciones: podrías tener menos derechos por pertenecer (de forma fraudulenta) a otra empresa.

Y lo peor de una cesión ilegal de trabajadores no termina ahí. Imagina que, después de cinco años, la fábrica de mayonesa decide prescindir de ti, y la empresa de electricidad te busca un nuevo destino que no te interesa. Con casi total probabilidad, no podrás reclamar nada sin iniciar un procedimiento judicial. En la práctica, eres trabajador de la fábrica, pero esta puede dejar de contar contigo sin repercusión alguna, ya que no figura como tu empleadora. Por su parte, la empresa de electricidad podrá recolocarte donde quiera, aunque tú no estés de acuerdo. Como te he comentado antes, este tipo de situaciones suele acabar en los tribunales, más temprano que tarde, si no revisas bien tu contrato antes de firmarlo.

Por ello, debes estar atento y asegurarte de que la empresa que te contrata es realmente la que aparece en el contrato. Como ves, hasta el más mínimo detalle puede traerte dolores de cabeza. Y eso que solo acabamos de empezar: como comprobarás, tu contrato es mucho más importante de lo que parece.

CLÁUSULAS

PRIMERA: el/la trabajador/a prestará sus servicios como (3)
incluido en el grupo profesional de
para la realización de las funciones (4)
de acuerdo con el sistema de clasificación profesional vigente en la empresa. En el centro de trabajo ubicado en (calle, nº y localidad)

Avanzamos en el contrato y comenzamos con las cláusulas. Aquí puede esconderse el mismísimo demonio, y podrías no darte ni cuenta. He visto muchísimas veces a clientes en el despacho que se quejan precisamente de esta primera cláusula. Realizan una entrevista en la que se les ofrece **un puesto de trabajo y unas determinadas funciones**.

Para su sorpresa, cuando leen esta primera cláusula, no aparece lo que ellos creían. Es muy común ver a administrativos completamente autónomos, que no necesitan ningún tipo de supervisión, contratados con la categoría de auxiliar administrativo, o a ingenieros con la categoría de técnicos. Esto supone un problema, simplemente porque las funciones que desempeñas no se corresponden con el salario indicado. Fíjate bien antes de firmar el contrato y, si no estás de acuerdo, reclama o exige una corrección.

Dentro de esta primera cláusula también debemos estar muy atentos a otro aspecto importante: **la localización del centro de trabajo**. Esta debe coincidir exactamente con la que se te haya comunicado en el momento de la contratación. Si la ubicación que aparece es diferente a la que te dijeron en un principio, podrías verte obligado a incorporarte físicamente en un lugar que no te resulta conveniente. Y eso es peligroso. Te recomiendo revisar cuidadosamente esta cláusula para evitar sorpresas. Si te han dicho que tu centro de trabajo está en el centro de Sevilla, asegúrate de que no figure ninguna otra dirección, ya que podría causarte muchos problemas en el futuro.

SEGUNDA: el contrato se concierta para realizar trabajos fijos-discontinuos de acuerdo con el artículo 16 del Estatuto de los Trabajadores (6)

dentro de la actividad cíclica intermitente de (7)
La duración estimada de la actividad será de (8)
La jornada estimada dentro del período de actividad será de   horas (9)
y la distribución horaria estimada será
Los/as trabajadores/as serán llamados/as en el orden y forma que se determine en el Convenio Colectivo de
o acuerdo de empresa.

Esta segunda cláusula, quizá, es una de las más importantes y donde más sorpresas se llevan mis clientes cuando reviso sus contratos en consulta. Muchos de ellos piensan que han firmado un contrato indefinido normal y que van a trabajar todo el año sin interrupciones. Nada más lejos de la realidad. Si, por casualidad, te encuentras esta cláusula cumplimentada en tu contrato, siento decirte que no has firmado un contrato indefinido: tu **contrato es fijo discontinuo**.

¿Qué significa esto? Tu contrato no es como cualquier otro, sino que trabajarás por temporadas. Habrá momentos del año en los que estarás «activo», dado de alta en la Seguridad Social, cotizando y cobrando tu salario como cualquier trabajador, y habrá otros periodos en los que estarás inactivo, es decir, dado de baja en la Seguridad Social y cobrando la prestación por desempleo. Este tipo de contrato suele utilizarse en empleos como socorrista, camarero en zonas costeras o animador en escuelas de verano. Son trabajos que se repiten cada año, pero que no se desarrollan durante los doce meses, sino que son estacionales.

Imagina que trabajas en una escuela de verano para niños que abre sus puertas en junio y cierra en septiembre. Para la escuela no tendría sentido mantener contratos durante todo el año si no tiene actividad entre octubre y mayo. En su primer año de funcionamiento, deberá contratar a sus trabajadores como fijos discontinuos, incorporándolos y cesándolos cada temporada, pero manteniendo la misma plantilla año tras año.

Muchos de mis clientes, cuando reciben la comunicación de que ha finalizado el periodo de actividad anual, llegan asustados al despacho pensando que los han despedido. En realidad, la situación es muy similar a un despido, ya que dejan de trabajar y pasan a cobrar el paro. Sin embargo, en el contrato fijo discontinuo, aunque durante el año permanezcas un tiempo desvinculado de la empresa o incluso trabajando en otra, sigues manteniendo un vínculo laboral con la compañía. Ese vínculo obliga a la empresa, cuando comience nuevamente la temporada, a llamarte para que vuelvas a trabajar durante el tiempo que dure la actividad.

De hecho, si al iniciar la nueva temporada no se produce el llamamiento de algún trabajador que haya prestado servicios el año anterior, estaremos ante un despido improcedente y el trabajador podrá reclamar, en concreto, una indemnización.

TERCERA: la jornada de trabajo será:

○ A tiempo completo: la jornada de trabajo será de _____ horas semanales, prestadas de _____, a _____, con los descansos establecidos legal o convencionalmente. (10).

○ A tiempo parcial: la jornada de trabajo ordinaria será de _____ horas ○ al día, ○ a la semana, ○ al mes, ○ al año, siendo esta jornada inferior a la de un trabajador a tiempo completo comparable (11).
La distribución del tiempo de trabajo será de (12) _____ conforme a lo previsto en el convenio colectivo.

Va a parecer raro que me pare en cada cláusula para remarcar su importancia, pero realmente cada una la tiene. Esta que nos ocupa ahora puede provocar que un trabajo que te parecía atractivo deje de serlo de un momento a otro. Como hemos comentado anteriormente, el salario está dejando de ser el factor más influyente a la hora de encontrar trabajo. El poder conciliar la vida laboral con la familiar es algo que cada vez se valora más por parte de los trabajadores. Esta conciliación, en la mayoría de las veces, depende exclusivamente del **horario**.

En primer lugar nos encontramos con dos opciones. Si la opción que está marcada es la que figura en la parte superior de la imagen, se trata de un contrato a jornada completa. A la fecha de la redacción de este libro, la jornada completa de 37,5 horas no se ha aprobado aún, sigue siendo de 40 horas. Si, en cambio, la opción marcada es la segunda que aparece en la imagen, tu jornada será a tiempo parcial, que en castellano sig-- nifica que vas a trabajar menos de 40 horas. En esta cláusula deberá recogerse cuántas horas vas a trabajar concretamente. En principio, tu jornada no podrá superar esta cuantía, aunque de esto hablaremos más adelante.

Si importante es saber cuántas horas debes trabajar, más importante es cómo se van a distribuir estas durante la semana. Para la mayoría, no es igual trabajar en horario de mañana de lunes a viernes, a descansar los martes y jueves y trabajar el fin de semana en horario de tarde. Pues bien, en esta cláusula la empresa te va a informar, no de tu horario al comenzar en el trabajo, sino de cualquier otro horario que la empresa puede imponerte durante la relación laboral.

Imagina que ves una oferta en un portal de empleo de un trabajo de lunes a viernes. En la entrevista te vuelven a confirmar que vas a trabajar de lunes a viernes por la mañana, te dan de alta en la Seguridad Social y, posteriormente, te ponen por delante el contrato y lo firmas. Como no has leído este libro, no sabes que debes pararte en cada cláusula. Al tiempo vuelves a la cláusula en cuestión y lees lo siguiente:

TERCERA: la jornada de trabajo será:

◉ A tiempo completo: la jornada de trabajo será de _40 horas_ horas semanales, prestadas de lunes , a domingo , con los descansos establecidos legal o convencionalmente. (10).

◯ A tiempo parcial: la jornada de trabajo ordinaria será de _____ horas ◯ al día, ◯ a la semana, ◯ al mes, ◯ al año, siendo esta jornada inferior a la de un trabajador a tiempo completo comparable (11). La distribución del tiempo de trabajo será de (12) conforme a lo previsto en el convenio colectivo.

En el caso de jornada a tiempo parcial señálese si existe o no pacto sobre la realización de horas complementarias (13): ◯ SÍ ◯ NO

De la lectura de la cláusula se puede ver con claridad que estamos ante un contrato a tiempo completo e, importante, que la distribución de la jornada será de lunes a domingo. Ojo, esto es totalmente compatible con que tu jornada sea de lunes a viernes las dos primeras semanas de tu relación laboral con la empresa. Eso sí, tu empresa se ha reservado el derecho de poder cambiarte la jornada a las dos semanas y ponerte un horario distinto, pudiendo trabajar sin ningún tipo de problema los fines de semana.

Si te encuentras este tipo de cláusula en tu contrato y la firmas sin rechistar, le estás dando manga ancha a la empresa para cambiar el horario y poder distribuirlo durante toda la jornada. Te recomiendo que eches un vistazo a esta cláusula y te asegures de que recoja la distribución semanal que has acordado con la empresa si no quieres tener problemas al poco de empezar.

CUARTA: la duración del presente contrato será INDEFINIDA, iniciándose la relación laboral en fecha ...., y se establece un período de prueba de (14) ....

El temido **periodo de prueba**. Después de años de experiencia en mi sector, he llegado a la conclusión de que el periodo de prueba es el miedo más infundado de todos los que se pueden tener al empezar una relación laboral. Pero, primero, vamos a definirlo: no es más que una cantidad de meses en los que la empresa puede prescindir de ti sin ningún tipo de explicación. Sin tener que avisarte antes ni tampoco tener que abonarte ningún tipo de indemnización por el cese. En teoría es un periodo de tiempo del que dispone la empresa para decidir si te has adaptado a la forma de trabajar que tiene la empresa o si eres el perfil que buscaba.

Dependiendo de la categoría que ocupes y del convenio colectivo que te corresponda, puede ser más amplio o más corto. Suele rondar, con excepciones, desde los 15 días hasta los 6 meses. Como te decía, la mayoría de trabajadores suele concebir el periodo de prueba como el reto definitivo para conseguir quedarse en la empresa de manera duradera. Esto no puede ser más incierto. Pasar el periodo de prueba es importante, pero no significa nada.

Tal y como está configurado el despido en España —entraremos en él con detalle más adelante—, para la mayoría de empresas en este país no hay mucha diferencia entre cesarte por no superar el periodo de prueba en el último día de ese plazo o despedirte al día siguiente. Si hay razones para el cese, tendrá exactamente el mismo efecto hacerlo antes que después. Incluso, si no hay razones para despedirte, la diferencia puede ser de 300-500 euros. Como ves, económicamente es casi lo mismo.

Lamentablemente, hay más cosas que debes saber sobre este periodo de prueba, en concreto que puede ser usado por la empresa de manera fraudulenta. Desde que se endurecieron las razones para realizar contratos temporales, muchas empresas contratan de manera indefinida creando expectativas en el trabajador que después no se cumplen porque realmente lo que van a durar es lo que se prolongue el periodo de prueba. Esto hace que sea muy fácil que la empresa enmascare un contrato temporal de esta forma. Si según el convenio colectivo de aplicación y la categoría del nuevo trabajador, su periodo de prueba es de 3 meses, puede tener a un trabajador engañado un verano entero creyendo que su vinculación con la empresa va a ser duradera. En cambio, cuando están a punto de pasar los tres meses, la empresa deja de contar con él y no tiene que dar mayor explicación.

Existe otro tipo de abuso del funcionamiento del periodo de prueba. En este caso hay menos premeditación y alevosía, sin embargo, es un uso muy discriminatorio. Imagina que comienzas en un trabajo y por mala suerte tienes un accidente de coche que te obliga a estar de baja un mes y te deja alguna secuela. Aunque estás perfectamente capacitado para trabajar, la empresa determina que no quiere que sigas por si te vas a volver a dar de baja, y usa el periodo de prueba como excusa para cesarte. Como el periodo de prueba no obliga a la empresa a motivar el cese, al día siguiente de reincorporarte estás en la calle. Estaríamos ante un cese eminentemente discriminatorio, y si te pasa algo parecido te recomiendo que demandes a la empresa, ya que pueden estar vulnerándose tus derechos fundamentales.

QUINTA: el/la trabajador/a percibirá una retribución total de .... euros brutos (15) ....
que se distribuirán en los siguientes conceptos salariales (16) ....

Hablemos de dinero. En esta cláusula se recoge el salario con el que vas a comenzar tu relación laboral, ya que se va a poder actualizar durante el tiempo que dure. Es importante que la conozcas y que sepas cómo se rellena. Habitualmente la empresa disfraza esta cláusula para que no sepas realmente cuánto vas a cobrar. Es una técnica muy repetida y si has firmado ya algún contrato la habrás visto seguro: no rellena la cláusula con una cifra, sino que repite tres veces las dos palabras míticas: «Según convenio».

No es extraño (ni ilegal) que veas esto:

QUINTA: el/la trabajador/a percibirá una retribución total de SEGÚN CONVENIO .... euros brutos (15) SEGÚN CONVENIO
que se distribuirán en los siguientes conceptos salariales (16) SEGÚN CONVENIO ....

Técnicamente la empresa está cumpliendo. En teoría, no está obligada a pagarte más de lo que estipula el convenio colectivo para tu profesión. De esta manera, se está remitiendo al mismo para cuantificar tu salario. El problema es que la mayoría no sabe cuál es su convenio colectivo, y en el mejor de los casos, aun sabiendo cuál se le aplica, no sabe identificar su salario dentro de él.

Para que te hagas una idea: en el despacho, cuando viene algún cliente a preguntar si su nómina está correcta según sus circunstancias personales, en muchos casos es complicado calcularla. Teniendo en cuenta que en mi despacho hay grandes profesionales que se dedican exclusivamente a calcular nóminas, no quiero imaginar a alguien que no tenga experiencia en esto. En algunas ocasiones las empresas instrumentalizan este desconocimiento para pagar menos de lo que realmente corresponde. Si dudas de que estés cobrando según convenio, te recomiendo que te asesores.

También hay empresas que sí incluyen lo que vas a cobrar. Normalmente las cantidades que se fijan en esta cláusula son anuales o mensuales. Incluso en este caso hay que tener especial cuidado con lo que se firma. Te planteo un reto: halla la diferencia entre estas dos formas de rellenar esta quinta cláusula:

QUINTA: el/la trabajador/a percibirá una retribución total de **2500** euros brutos (15) **mensuales** que se distribuirán en los siguientes conceptos salariales (16) **Salario base más complementos, incluidas pagas extras**

QUINTA: el/la trabajador/a percibirá una retribución total de **2500** euros brutos (15) **mensuales** que se distribuirán en los siguientes conceptos salariales (16) **Salario base más complementos, no incluidas pagas extras**

A poco que hayas sido observador, te habrás dado cuenta de que la cantidad a cobrar no ha sufrido ninguna diferencia; en ambos ejemplos, aparentemente vas a cobrar 2.500 euros mensuales. Sin embargo, en los conceptos salariales sí hay bastante diferencia; esta variable puede hacer que cobres 5.000 euros más al año si te das cuenta. Efectivamente, estamos hablando de las pagas extras, no es lo mismo cobrar 2.500 euros doce veces que catorce durante el año.

Si cuando veas esta cláusula observas que en la cantidad que vas a cobrar no están incluidas las pagas extraordinarias, estás de suerte, al final del año habrás cobrado todavía más. En cambio, si ves que las pagas extras están incluidas y no te salen las cuentas a nivel anual, tendrás que reclamar para que el salario pactado se ajuste a lo recogido en el contrato.

SÉPTIMA: la duración de las vacaciones anuales será de (19)

No hay nada que rellenar por el trabajador en la sexta cláusula, de modo que pasamos a la séptima. Esta cláusula es rápida de repasar: solo hay que revisar que aparezcan como mínimo 30 días naturales o 22 días hábiles. Es decir, o 30 días contando festivos y fines de semana, o 22 días sin contarlos. A final de cuentas es prácticamente lo mismo. Eso sí, no debes tener menos días, en ese caso se estarán vulnerando tus derechos. Siempre podrás tener más, y eso no será ilegal.

OCTAVA: en lo no previsto en este contrato, se estará a la legislación vigente que resulte de aplicación y particularmente en el Estatuto de los Trabajadores y el Convenio Colectivo de

Quizá la cláusula octava es la más desconocida y la que más información puede llegar a ofrecer. En esta cláusula se esconde **el convenio colectivo** de aplicación. Los convenios colectivos, junto al Estatuto de los Trabajadores, albergan toda la información útil en una relación laboral: la jornada, el salario mínimo, las horas extras, los días de descanso, el trabajo durante el fin de semana y los festivos. Es absolutamente clave conocer al dedillo cuál es tu convenio colectivo.

Uno de los motivos por los que el derecho laboral es tan difícil de entender es por esta cláusula octava. Cuando hablamos de derecho laboral, no hablamos de unas normas uniformes que regulan las relaciones entre los trabajadores y las empresas de España. Es justo al revés. Cada convenio regula, prácticamente, cada tipo de actividad que se lleva a cabo en este hermoso país. Es decir, el Convenio del Metal regula las actividades que tengan que ver con la siderometalúrgica. Visto así, podría parecer simple: cada nicho tiene su convenio y de esa manera se organizan empresas y trabajadores... Pues no es así.

Cada convenio está a su vez sujeto a una circunscripción, es decir, el Convenio Colectivo del Metal de Sevilla puede valer para Sevilla y provincia, pero si se te ocurre conducir 80 kilómetros y llegar a Cádiz, allí este convenio puede que solo se le parezca. Y esto puede ser todavía más maquiavélico: por mucho que exista un convenio colectivo por actividad y, a su vez, por provincias, hay algunas empresas que deciden marear más la perdiz y a su vez crean su propio convenio colectivo. Por lo que aun cuando un abogado conozca el de aplicación propio de cada lugar y actividad, es posible que existan normas más específicas.

Esto supone una complicación tremenda a la hora de valorar un caso. En mi despacho tenemos clientes de toda España, es decir, cada caso tendrá un convenio colectivo diferente, con unas nomas diferentes. Esto puede suponer que un caso pueda ser legal en Zamora, pero ilegal en Ibiza.

CLÁUSULAS ADICIONALES

Hasta aquí el repaso de las cláusulas típicas. Cualquiera puede darse cuenta de los riesgos de las que acabamos de revisar, sin embargo, el siguiente bloque es mucho más peligroso, por dos razones. La primera es que estas cláusulas están al final del contrato, es decir, lo más normal es que no te fijes en ellas. Por otro lado, al no tener que acogerse a ningún estilo de cláusula predefinido, como los que hemos analizado hasta ahora, las empresas tienen muchísima libertad a la hora de redactarlas.

Esto puede provocar muchos más perjuicios si no te fijas detenidamente: desde cobrar mucho menos de lo que crees hasta que tu sueldo quede congelado para muchos años.

- **Sueldos por objetivos.** Imagina que consigues el trabajo que quieres y te ofrecen un sueldo muy interesante, mucho más alto del que se refleja en tu convenio; firmas el contrato tan contento y sin leer las cláusulas adicionales. Pues puede ser que la alegría dure poco. Hay que partir de que la empresa solo está obligada a abonarte las cantidades que estipula el convenio. Cualquier sueldo que se estipule por encima de este es algo que la empresa hace voluntariamente. De esta manera, es totalmente legal que supedite el cobro de complementos a llegar a determinados resultados.

Esto puede transformar una oferta de trabajo suculenta en algo mucho menos atractivo. Si la empresa te promete que te va a pagar 5.000 euros al mes, no es lo mismo que te abone esta cantidad de manera fija a que te pague 1.500 de manera fija y lo demás lo haga si llegas a objetivos. Muchas veces esta coletilla suele venir recogida en este tipo de cláusulas adicionales que nadie lee, pero que son muy importantes.

A su vez estos objetivos pueden ser de dos tipos. Por un lado, tenemos objetivos personales y, por otro, objetivos grupales. Si tengo que elegir alguno de los dos, prefiero los personales. No es lo mismo depender de ti mismo para llegar a un objetivo, lo cual puede hacer que si te esfuerzas lo suficiente algún día lo logres, que depender de que toda la plantilla de la empresa trabaje bien para alcanzar el plus que te ayude a llegar a los 5.000 euros. Hay veces que las empresas firman este tipo de cláusulas en los contratos de manera maquiavélica. Saben perfectamente que no se va a poder llegar a los objetivos marcados, o que son muy difíciles de conseguir, y los conectan con grandes pluses que nunca se van a cobrar. Si te prometen un salario, asegúrate de que no está vinculado a algún objetivo imposible.

- **Pluses absorbibles.** Es bastante común que las empresas se aseguren de que tu sueldo se quede congelado años a través de esta cláusula adicional. Como os he dicho en el anterior punto, en algunas ocasiones se ofrecen sueldos por encima del convenio colectivo. Sin embargo, también se guardan bien las espaldas para que este sueldo no suba constantemente. Te lo explico rápido y fácil.

Imagina que tienes un sueldo por convenio de 1.500 euros y la empresa te sube 500 euros más a través de un plus cualquiera. En total, 2.000 euros. Lo más normal es que este plus esté regulado justo en la cláusula que estamos analizando. Pasa el tiempo y, cuando llevas dos años trabajando, el salario obligatorio por convenio sube a 1.700 euros. Es fácil llegar a pensar que tu nómina va a subir 200 euros más, entre la subida de tu convenio y el plus de 500 euros que voluntariamente la empresa te ha incluido en la nómina; en total se quedaría en 2.200. Esto puede no ser así, si la empresa es inteligente.

Esta cláusula está pensada justamente para esta situación. Concretamente, se describirá el plus de 500 euros como absorbible y compensable. ¿Qué quiere decir esto? Muy fácil, como su propio nombre indica, el plus absorbe la subida del convenio colectivo. Este plus bajará de los 500 a los 300, de manera que, aunque el salario según convenio haya aumentado 200 euros, tu sueldo va a seguir siendo 2.000 euros.

Este tipo de cláusulas desanima a muchos trabajadores que cuando entran en empresas que pagan por encima del convenio creen que van a cobrar siempre por encima de este. Sin embargo, puede ocurrir que, debido a lo que estamos comentando, el plus tienda a desaparecer y su sueldo acabe alineándose con el del convenio colectivo. Si quieres evitar esto te recomiendo que estés atento a dos cosas: las cláusulas adicionales de tu contrato y a tu nómina. De esta última, vamos a hablar extensamente ahora.

La nómina

Lo primero que me gustaría antes de entrar en detalle en este bloque es explicarte la diferencia entre la nómina y el sueldo. Apuesto lo que sea a que creías que estas dos palabras significaban lo mismo; siento decirte que estás muy equivocado. El sueldo es la compensación económica que la empresa te paga por tu tiempo trabajado, es fácil de entender. Sin embargo, la nómina es el documento donde viene detallado en qué consiste tu sueldo. Tienen que ver, pero no son lo mismo.

En este apartado quiero explicar tu sueldo a partir de tu nómina. Es la mejor hoja de ruta para entender cuánto cobras y por qué. Y no solo tu sueldo: en la nómina viene mucha información que solemos obviar; parece que los ojos solo se clavan en la cantidad que nos van a pagar por banco, cuando realmente hay mucho que analizar. Justamente esto es lo que vamos a hacer ahora. Te recomiendo que, si tienes una nómina cerca, la cojas.

EMPRESA	NewPyme S.L.		TRABAJADOR	XXXXXXX		
DOMICILIO	C. Capitán Dema Nº 3 - 9ºC		NIF	XXXXXXX		
CIF	B54023809		NUM. S.S.	XXXXXXX		
CCC	XXXXXXXXX		CATEGORIA	Aux. Administrativo		
			G. COTIZACIÓN	7	ANTIGÜEDAD	01/05/2023
			PUESTO TRABAJO		CONTRATO	401
Período de liquidación: del 1 de Mayo al 31 de Mayo de 2023				Total días		31

Empezamos por el encabezado. Aquí vas a poder observar mucha más información de la que piensas. Quizá sea la parte de la nómina más ilustrativa. Fijémonos primero en los **datos de la empresa y en tus datos**; hasta aquí es simple. También encontramos **tu categoría**, importantísimo. En este hueco debe aparecer tu función dentro de la empresa. Te debe cuadrar. Como hemos comentado en el contrato, esta categoría debe ser la que desempeñes en tu día a día. La nómina es un chivato ideal del estado actual de tu contrato a fecha de la misma, porque el contrato es algo vivo, algo que puede estar en constante cambio.

Por ejemplo, la empresa te promete que te va a cambiar la categoría de auxiliar administrativo a oficial administrativo en los tres meses posteriores a firmar el contrato. Con casi total seguridad no te va a dar otro contrato para firmar con la categoría de oficial, lo más normal es que venga reflejado en la nómina. En este caso deberá observarse que la categoría ha subido y el sueldo también. Si la nómina se queda igual, el contrato no habrá cambiado en absolutamente nada por más que tu jefe te lo asegure.

También en la nómina podemos observar qué **antigüedad** tenemos reconocida en nuestra empresa. Puede ser diferente a la del último contrato que hemos firmado. Como ya hemos comentado, independientemente de que firmáramos un contrato indefinido en marzo, si hemos estado desde enero con un contrato temporal, en la nómina debe aparecer enero, no marzo. Esto es importante, porque es posible que cobremos más si tenemos una antigüedad anterior.

Podemos observar también que en la nómina aparece el **tipo de contrato** que tenemos. Es importante aprender a leer esto. Habitualmente, tanto en la vida laboral como en la nómina hay códigos que representan el tipo de contrato. No aparece la palabra temporal ni indefinido, aparecen números como el 100, o el 401, o el 421. Obviamente, si no conoces estos códigos te va a resultar muy difícil identificar qué tipo de contrato tienes. Para que dispongas de un sitio donde consultarlos, te dejo aquí una lista de códigos y los contratos a los que corresponden:

TABLA DE CÓDIGOS DE CONTRATOS LABORALES EN ESPAÑA

Código	Descripción
100	Indefinido tiempo completo – ordinario
109	Indefinido tiempo completo – fomento contratación indefinida/empleo estable transformación contrato temporal
130	Indefinido tiempo completo – discapacitados
139	Indefinido tiempo completo – discapacitados transformación contrato temporal
150	Indefinido tiempo completo – fomento contratación indefinida/empleo estable inicial
189	Indefinido tiempo completo – transformación contrato temporal
200	Indefinido tiempo parcial – ordinario
209	Indefinido tiempo parcial – fomento contratación indefinida/empleo estable transformación contrato temporal
230	Indefinido tiempo parcial – discapacitados
239	Indefinido tiempo parcial – discapacitados transformación contrato temporal
250	Indefinido tiempo parcial – fomento contratación indefinida/empleo estable inicial
289	Indefinido tiempo parcial – transformación contrato temporal
300	Indefinido fijo/discontinuo
309	Indefinido fijo/discontinuo – fomento contratación indefinida/empleo estable transformación contrato temporal
330	Indefinido fijo/discontinuo – discapacitados
339	Indefinido fijo/discontinuo – discapacitado. Transformacion
350	Indefinido fijo/discontinuo – fomento contratación indefinida/empleo estable inicial
389	Indefinido fijo/discontinuo – transformación contrato temporal

TABLA DE CÓDIGOS DE CONTRATOS LABORALES EN ESPAÑA
(continuación)

Código	Descripción
401	Duración determinada tiempo completo – obra o servicio determinado (baja desde el 31 de diciembre de 2021)
402	Duración determinada tiempo completo – eventual por circunstancias de la producción
403	Duración determinada tiempo completo – inserción
404	Contrato predoctoral
406	Administraciones públicas. Plan recuperación, transformación y resiliencia, y fondos unión europea. Tiempo completo
407	Duración determinada. Artistas, técnicos y auxiliares. Tiempo completo
408	Duración determinada tiempo completo – carácter administrativo
410	Duración determinada tiempo completo – interinidad
411	Duración determinada tiempo completo. Personal docente investigador universitario
412	Acceso personal investigador doctor
413	Duración determinada tiempo completo. Deportistas profesionales
418	Duración determinada tiempo completo – interinidad carácter administrativo
420	Duración determinada tiempo completo – prácticas
421	Temporal tiempo completo. Formación en alternancia
430	Duración determinada tiempo completo – discapacitados
441	Duración determinada tiempo completo – relevo
450	Duración determinada tiempo completo – fomento contratación indefinida/empleo estable
452	Duración determinada tiempo completo – trabajadores desempleados contratados por empresas de inserción
500	Temporal. Tiempo parcial ordinario

⟶

TABLA DE CÓDIGOS DE CONTRATOS LABORALES EN ESPAÑA
(continuación)

Código	Descripción
501	Duración determinada tiempo parcial – obra o servicio determinado (baja desde el 31 de diciembre de 2021)
502	Duración determinada tiempo parcial – eventual por circunstancias de la producción
503	Duración determinada tiempo parcial – inserción
506	Administraciones públicas. Plan recuperación, transformación y resiliencia, y fondos unión europea. Tiempo parcial
507	Duración determinada. Artistas, técnicos y auxiliares. Tiempo parcial
508	Duración determinada tiempo parcial – carácter administrativo
510	Duración determinada tiempo parcial – interinidad
511	Duración determinada tiempo parcial. Personal docente investigador universitario
513	Duración determinada tiempo parcial. Deportistas profesionales
518	Duración determinada tiempo parcial – interinidad carácter administrativo
520	Duración determinada tiempo parcial – prácticas
521	Temporal tiempo parcial. Formación en alternancia
530	Duración determinada tiempo parcial – discapacitados
540	Duración determinada tiempo parcial – jubilación parcial
541	Duración determinada tiempo parcial – relevo
550	Duración determinada tiempo parcial – fomento contratación indefinida/empleo estable
552	Duración determinada tiempo parcial – trabajadores desempleados contratados por empresas de inserción

De esta manera vas a poder conocer perfectamente cuando veas tu nómina o tu vida laboral qué tipo de contrato es el tuyo, y tu jefe no te podrá engañar. En la vida laboral se ubica en el punto 7.

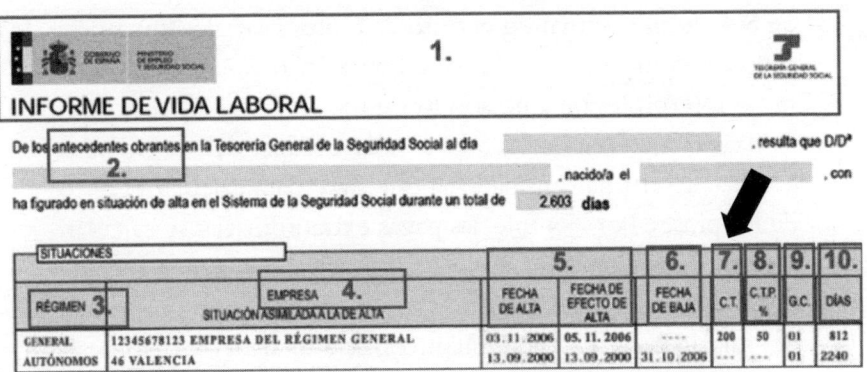

Pasamos a la zona de la nómina que más interés despierta a mis clientes, en la que se recogen **los conceptos que la empresa abona a los trabajadores**.

I. DEVENGOS		TOTALES
1. Percepciones salariales		
Salario base		1.260,00 €
Complementos salariales:		
Horas extraordinarias		
Horas complementarias		
Gratificaciones extraordinarias		0,00 €
Salario en especie		0,00 €
A. TOTAL DEVENGADO		1.260,00 €

En un simple vistazo podemos observar el salario base y los diferentes complementos o pluses salariales. Antes de entrar a analizar en profundidad este apartado, me gustaría eliminar una falsa creencia de la mayoría de trabajadores: el salario base es solo una parte de la nómina; para calcular cuánto cobramos en realidad debemos sumar los complementos. ¿Con esto qué quiero decir? Pues que hay muchas personas equivocadas pensando que el salario base tiene que ser como mínimo igual al salario mínimo interprofesional. Es decir, el salario mínimo interprofesional es, a la fecha de la redacción de este libro, de 1.184 euros en 14 pagas. Pues bien, tu salario base puede ser de 800 euros si sumando el resto de pluses salariales suman esa cantidad como mínimo. En resumen, salario base y salario mínimo interprofesional no son lo mismo.

Tras esta aclaración, vamos a pasar a hablar del salario base. Este suele ser una cantidad fija que sirve para calcular el resto de los pluses. Por ejemplo, las pagas extraordinarias se calculan a partir de esa cantidad. En algunos convenios vienen recogidos pluses de dedicación que son un determinado porcentaje del salario base. Es decir, cuanto más alto sea el salario base, más altos van a ser los complementos que le sigan.

Los complementos salariales son cantidades adicionales al salario base, abonadas en función de circunstancias relacionadas con el trabajador, el trabajo o la empresa. También existen los complementos extrasalariales, pero de eso nos vamos a ocupar más tarde. El objetivo de estos complementos salariales es retribuir circunstancias que el salario base no puede retribuir. Estos complementos se pueden reconocer en el contrato laboral, concretamente en el apartado de salario o en las cláusulas adicionales. También pueden aparecer directamente en el convenio colectivo, lo que quiere decir que tendrás derecho a cobrarlos incluso sin que vengan en tu contrato.

Los complementos salariales a su vez se dividen en distintos grupos dependiendo de la razón por la que se pagan. Vamos a hacer un repaso de todos ellos para que los entiendas mejor:

- **Complementos personales.** Están ligados a características del trabajador, por ejemplo, la antigüedad (trienios, quinquenios). Obviamente, cada persona va a tener una antigüedad distinta en su trabajo, por eso son personales. Se trata de premiar la lealtad y la experiencia acumulada; jurídicamente, lo habitual es que se recoja en convenio. Se suele calcular a partir de un porcentaje del salario base. Además, es consolidable ya que la antigüedad no la pierdes aunque cambies completamente tus funciones.

- **Complementos de puesto de trabajo.** Compensan circunstancias concretas de tu trabajo. Aquí se incluyen pluses por peligrosidad, penosidad, toxicidad, el plus de turnicidad o la nocturnidad. Por ejemplo, imagina que trabajas a turnos, con gases tóxicos y la mayoría de veces por la noche. Si están recogidos en tu convenio, vas a tener derecho a cobrar un plus de toxicidad, turnicidad y nocturnidad por las horas que trabajes desde las 22.00 hasta las 6.00. Eso sí, estos pluses pueden desaparecer si dejas de trabajar con productos tóxicos, te dan un horario fijo y pasas a la mañana.

- **Complementos por calidad o cantidad de trabajo.** En este saco podemos incluir primas o incentivos de productividad, comisiones por ventas y horas extraordinarias. Hay que diferenciar entre las horas extraordinarias y todo lo demás. Las horas que trabajas de más son voluntarias, pero se tienen que pagar obligatoriamente. Las primas o comisiones por ventas, si no vienen recogidas en el convenio colectivo, la empresa tiene la opción de pagarlas, ya que no son obligatorias. Se suelen abonar en trabajos con un alto componente comercial. Se calculan, habitualmente, a través de un porcentaje de la cantidad total vendida. Estos complementos tampoco son consolidables, ya que la empresa te los puede eliminar si no haces horas extras o no llegas al objetivo de ventas.

- **Complementos por resultados de la empresa.** Igual que te pueden premiar por tu desempeño individual, también existen pluses que retribuyen el rendimiento en general de la empresa. En muchos convenios colectivos se recoge un plus por facturación total de la empresa a repartir entre sus trabajadores. Tal y como pasaba con los pluses anteriores, es lógico que si no se llega a la facturación debida este complemento desaparecerá de tu nómina.

- **Pagas extraordinarias.** Suelen ser dos al cabo del año, aunque si tienes suerte, en tu convenio colectivo pueden venir recogidas algunas más. La cantidad a pagar suele venir fijada en convenio. Habitualmente, cada una equivale a una mensualidad de salario base más la antigüedad. Si se pagan de manera no prorrateada, las fechas aproximadas en las que suelen aparecer en tu nómina son Navidad y verano. En cambio, puede ser que por costumbre, por pacto entre la empresa y tú o según convenio estas se prorrateen.

Existen muchas dudas sobre el concepto de prorrateo, pero es muy sencillo de explicar: permite distribuir el pago a lo largo del año. Se suma todo lo que se debe cobrar por las pagas extras en el año y se divide entre los doce meses que lo forman. En nómina, si están prorrateadas, suele aparecer una línea como «Prorrateo paga extra» con el importe. Si no aparecen en nómina de esta forma, tranquilo, vas a cobrarlas. Como hemos dicho antes, tendrás que fijarte en julio y en diciembre para comprobar que te las han abonado.

- **Retribución en especie.** Quizá esto, *a priori*, es lo más difícil de entender. Consiste en un complemento salarial que no se abona en dinero. Para que lo entiendas mejor, es la remuneración, consistente en bienes, servicios o ventajas que la empresa entrega al trabajador. Imagina que la empresa te paga el sueldo y además te deja un coche para que lo utilices en todo momento, no solo para el trabajo. La empresa costea el *renting* del coche, pero lo usas tú. Pues bien, este ahorro que disfrutas al no tener que abonar el coste del alquiler del coche es una retribución en especie. También podemos aplicarlo a un trabajador en una panadería que todos los días recibe 6 piezas de pan para que se las lleve a casa.

Existen ciertos límites: este salario en especie no debe superar el 30 por ciento de tu salario total y no puede privarte de recibir en dinero el salario mínimo interprofesional.

Estas retribuciones deben aparecer en la nómina («Vehículo de empresa: X euros»). La confusión de muchos ocurre cuando esta cantidad por el salario en especie se descuenta en el apartado de deducciones de la nómina. Hay que tener en cuenta que lo que se hace en la nómina es valorar esa retribución, pero el cobro real de la misma se está produciendo por el mero uso del coche, no se puede cobrar también en nómina.

Pasamos ahora a los **conceptos extrasalariales** que no pagan el trabajo, sino que compensan gastos del trabajador o indemnizan por ciertas circunstancias:

- **Dietas de viaje.** Las famosas dietas. He tenido muchísimas consultas hablando de este tema. Básicamente, la empresa debe abonar gastos de manutención del trabajador con motivo de su trabajo. Su finalidad es que el empleado no sufra merma en su salario al tener que costear comidas u hoteles por órdenes de la empresa. Habitualmente, estas dietas se abonan cuando se produce un desplazamiento a un municipio distinto del trabajo habitual y la residencia.

  Eso sí, hay que tener cuidado con ellas porque son conceptos por los que solo se pagan seguros sociales si pasan de un mínimo, sin embargo, hay empresas que los usan para abonar complementos que deberían ser salariales, y de esa forma se ahorran dinero. Imagínate que haces horas extras y la empresa te las paga como dieta; eso supone que pagará menos seguros sociales. Por eso debes estar especialmente pendiente. Si no haces viajes fuera de tu localidad ni tienes que pagarte comidas u hoteles fuera, no tiene sentido que en tu nómina aparezcan dietas. Si es así, es posible que la empresa esté haciendo algo que no debe.

- **Gastos de locomoción.** El famoso kilometraje. Hay personas que deben desplazarse por motivo de su trabajo y la empresa no les proporciona un medio para realizarlo. Si estas personas necesitan de un transporte público o ponen a disposición su propio vehículo, pueden cobrar el plus de kilometraje. Sin embargo, este plus debe aparecer en el convenio colectivo o en un acuerdo privado con tu empresa para poder abonarse, ya que no aparece en el Estatuto de los Trabajadores.

A estos dos famosos pluses extrasalariales podemos añadir algunos más específicos como: plus de vestuario (si el trabajador debe adquirir ropa de trabajo a veces se le compensa); quebranto de moneda (compensación a cajeros o personal que maneja dinero por posibles descuadres, considerada indemnización y no salario); herramientas (si el trabajador usa herramientas propias se le indemniza por el desgaste). Todos ellos comparten algo en común: deben estar recogidos en el convenio colectivo para abonarse.

Deducciones: salario bruto y neto

Por desgracia, todo no va a ser bonito. Además de existir salario base y complementos, una parte importante de la nómina son las deducciones, cantidades que no llegan a tu bolsillo y que van directamente al Estado. Hablamos de las cotizaciones a la Seguridad Social y el IRPF. Este apartado es un buen momento para explicar la diferencia entre el salario bruto y el neto.

Tras haber explicado todo lo referido al salario base y los pluses, el salario bruto se puede definir como la suma de todos estos. Es decir, sin que sean descontadas las cantidades en concepto de cotizaciones e IRPF (impuesto sobre la renta de las personas físicas). No cobras el salario bruto, lo que realmente cobras es el salario neto. El neto es el resultante de descontar las cotizaciones a la Seguridad Social y el IRPF, es decir, el salario que finalmente termina en tu cuenta bancaria.

II. DEDUCCIONES
1. Aportaciones del trabajador a las cotizacones a la S.S y recaudación conjunta

			Tipo		
Contingencias comunes	1.260,00 €		4,70%		59,22 €
Desempleo	1.260,00 €		1,60%		20,16 €
Formación Profesional	1.260,00 €		0,10%		1,26 €
Horas extraordinarias Normales		0,00 €	4,70%		0,00 €
Horas extraordinarias de Fuerza Mayor		0,00 €	2,00%		0,00 €
Mecanismo de Equidad Intergeneracional		1.260,00 €	0,10%		1,26 €
TOTAL APORTACIONES					**81,90 €**
2. IRPF	1.260,00 €		2,00%		25,20 €
3. Anticipos					

Pasemos a analizar estas odiadas deducciones que hacen que tu sueldo no sea tan alto como presumiblemente parecía que iba a ser:

- **Cotizaciones sociales.** Son aportaciones obligatorias al sistema de la Seguridad Social que realizan el trabajador y la empresa. Aquí vamos a examinar las que se descuentan del salario del trabajador. La finalidad de estas cotizaciones es financiar las prestaciones y coberturas del sistema. Como vemos en la imagen superior, parte de estas cotizaciones van destinadas a cubrir una posible situación de incapacidad temporal o de desempleo.

La parte del sueldo que se destina a cotizaciones y son asumidas por el trabajador se llama «cuota obrera». Teniendo en cuenta que estas cotizaciones se calculan en base a porcentaje, cuanto más alto sea tu sueldo, más alta serán las cantidades que se abonen.

- **Retención del IRPF.** Es el importe que la empresa retiene del salario bruto del trabajador cada mes para ingresarlo a cuenta del Impuesto sobre la Renta de las Personas Físicas (IRPF) ante la Hacienda Pública. Para calcular cuánto te tienen que retener, la empresa te debe entregar un modelo 145. Este modelo es rellenado por el trabajador con sus datos y circunstancias personales para hallar el porcentaje correcto. Hay que tener en cuenta que cuanto más gane un trabajador, más alto va ser este porcentaje, aunque también entran en juego circunstancias personales como si el empleado tiene cargas familiares o sufre una discapacidad.

  Es importante recalcar que este porcentaje no es elegible por el trabajador a su antojo, es decir, se debe calcular según el criterio antes comentado. En todo caso, tú como trabajador puedes solicitar que se suba este porcentaje para que la empresa retenga más dinero de tu nómina con destino a Hacienda, pero nunca bajarlo. Si este porcentaje está bien calculado, no tendrás que pagar nada cuando hagas la declaración de la renta, siempre que no hayas tenido otros ingresos.

Dentro de las deducciones de las nóminas, como ves en la imagen, también se pueden incluir los anticipos. Estoy seguro de que no sabías que es posible cobrar parte de tu nómina antes de que termine el mes. Pues bien, justo esto son los anticipos. Es totalmente legal solicitar a tu empresa parte de tu sueldo a mediados de mes, aunque existen limitaciones que debes conocer. La primera es que solo podrás reclamar el abono de las cantidades que se hayan devengado a la fecha de la solicitud. Es decir, si el día 15 de mayo necesitas un anticipo por un gasto excepcional, solo podrás solicitar la mitad de la nómina; como es lógico, no puedes cobrar la otra mitad si no lo has trabajado todavía. La segunda (y es la razón por la cual hablo de este tema a estas alturas) es que cuando llegue la nómina a final de mes, si has pedido un anticipo, este se incluirá en las deducciones y se descontará de la cantidad final. Usando el ejemplo anterior, solo podrás cobrar la mitad de la nómina.

Antes de terminar con este tema, me gustaría hablaros de una parte secreta de la misma; ninguno de vosotros os fijáis y estoy seguro de que no la comprendéis.

DETERMINACIÓN DE LAS BASES DE COTIZACIÓN A LA SEGURIDAD SOCIAL Y CONCEPTOS DE RECAUDACIÓN CONJUNTA Y DE LA BASE SUJETA A RETENCIÓN DEL IRPF Y APORTACIÓN DE LA EMPRESA			
1. Base de cotización por contingencias comunes			
Remuneración mensual	1.260,00 €		
Prorrata pagas extras	0,00 €	Tipo	Aportación Empresa
TOTAL	1.260,00 €	23,60%	297,36 €

Esta parte está destinada a lo que paga la empresa por ti como trabajador además de tu sueldo. Antes hemos hablado de que el empleado, a través de la cuota obrera, abona las cotizaciones a la Seguridad Social, pues bien, la empresa además de ingresar lo que le retiene al trabajador, debe abonar por su cuenta otro porcentaje, que ronda el que vemos en la imagen, entre un 20 y un 30 por ciento aproximadamente según la actividad de la empresa. Es decir, la empresa debe abonar el salario del trabajador, las retenciones y además un porcentaje sobre su sueldo en concepto de seguros sociales. Esto es importante entenderlo y explica mejor el coste que le supone a una empresa tener contratada a una persona.

4

¿CUÁNTO HAY QUE TRABAJAR?

La jornada laboral: ¿cómo se regula?

La jornada ordinaria de trabajo en España está regulada por el Estatuto de los Trabajadores. En general, se mide en cómputo semanal. Más allá de la jornada diaria o mensual, la forma más fácil de controlar si haces horas extraordinarias o no es fijándote en una semana de trabajo: si haces 40 horas o menos, en términos generales estás cumpliendo con lo que estipula la ley. Si al cabo del año haces más de 40 horas de media a la semana, es posible que estés haciendo horas extraordinarias.

Es verdad que se pueden compensar unas con otras. Hay muchas empresas que tienen una jornada más larga en invierno y más corta en verano. Por lo tanto, es posible que hagan 42 horas semanales en invierno y 36 en verano. De esta forma se compensa para que, al cabo del año, no se sobrepase el límite.

Si nos ceñimos a la norma general, también existe un límite anual: 1.826 horas. Sin embargo, esto puede cambiar según el convenio colectivo. Como hemos comentado antes, cada sector puede tener su propio convenio, y según en qué lugar de España trabajes también puede variar. Esto hace que el tema de la jornada laboral sea sumamente específico y complejo. De manera que un soldador de Huelva puede tener la obligación de realizar más horas al año que un soldador de Bilbao. El tope se pone por arriba: ningún soldador puede hacer más de 1.826 horas al año o 40 horas de media a la semana, pero no hay tope por abajo. Si las personas que negocian el convenio colectivo logran cerrar un acuerdo por 1.726 horas al año, los trabajadores pertenecientes a ese convenio tendrán 100 horas menos de trabajo al año que el resto. Por esta razón, contar con un convenio colectivo bien negociado es tan importante: puede cambiar las reglas del juego por completo.

También existe un límite diario. Teóricamente, según el Estatuto de los Trabajadores, la jornada diaria de un trabajador promedio no debe superar las 9 horas de trabajo efectivo, salvo pacto en contrario en el convenio o entre empresa y trabajador. En algunas profesiones con jornadas especiales incluso se puede llegar a las 12 horas al día si se suman horas extraordinarias a la jornada. Esta jornada especial tendrá que respetar también los límites en cuanto al descanso diario y semanal establecidos en el Estatuto de los Trabajadores. Además, una jornada de 12 horas es algo excepcional; de ninguna manera se podrán superar los límites de horas de los que hemos hablado en el cómputo semanal ni en el anual. Si se superan, se estarían realizando horas extraordinarias y tendrían que ser compensadas.

Más allá de que exista un máximo de horas que se puedan hacer al cabo del año, la jornada puede desarrollarse de diferentes formas, entre ellas:

- **Jornada completa:** quien tiene esta jornada trabaja las horas máximas posibles. Estas horas máximas, en un convenio colectivo, pueden ser 40 horas a la semana y en otro convenio 36. Ambas serían jornadas completas y tendrían derecho al salario máximo estipulado para su categoría profesional.

- **Jornada a tiempo parcial:** también existe la posibilidad de que no se trabajen las horas máximas del convenio. Por circunstancias de la empresa o por elección personal, un trabajador puede decidir trabajar el 50 o el 10 por ciento de las horas que tendría en una jornada completa. Como es lógico, dependiendo del porcentaje de jornada que se realice, así será el sueldo. Si se trabaja un 50 por ciento de la jornada, se cobrará un 50 por ciento.

Sin embargo, esto puede llevar a confusiones en un aspecto muy concreto. Muchas empresas intentan convencer erróneamente a sus trabajadores de que, como trabajan un 50 por ciento, tienen también un 50 por ciento de vacaciones. Esto es falso: independientemente de las horas que trabajes, tienes derecho a las mismas vacaciones que el resto de tus compañeros. Aunque trabajes menos horas, no debes tener menos derechos que tus compañeros en este aspecto. Además, las personas que trabajan a jornada parcial no pueden realizar horas extraordinarias, solo pueden hacer horas complementarias (no os preocupéis si no sabéis la diferencia, porque en breve voy a dedicar un apartado a dejar clara la regulación de cada una y sus diferencias).

Y quiero aclarar algo que mucha gente no sabe: si tu contrato es parcial, es obligatorio que figure por escrito su condición de parcial y las horas que se van a trabajar. Si esto no se cumple, se entenderá que el contrato es a jornada completa. Esto también pasa con los contratos temporales: muchas personas no tienen firmados sus contratos temporales a tiempo parcial. De esta forma, un contrato temporal a tiempo parcial no firmado deviene en un contrato indefinido a tiempo completo, así que ya lo sabes.

- **Jornada reducida:** nos encontramos ante un híbrido. Es decir, este concepto de jornada reducida se acerca más a la jornada parcial que a la completa. Sin embargo, la jornada reducida es una forma de pasar temporalmente a jornada parcial, pudiendo volver a la completa pasado un tiempo. Es más, aunque pases a jornada parcial sigues conservando ciertos derechos como si estuvieras trabajando a jornada completa. Aunque explicaremos más a fondo este tipo de jornada y la conciliación laboral y familiar más adelante en el libro, conviene hacer un repaso rápido aquí.

La ley permite pasar de jornada completa a jornada parcial. Concretamente, permite reducirse la jornada entre un octavo y la mitad de su duración. Eso sí, no cualquier trabajador puede hacerlo: solo podrán acogerse a la reducción quienes cumplan ciertos requisitos. Estos trabajadores podrán solicitar la jornada reducida si tienen a su cargo un menor de doce años o un familiar dependiente. En estos casos podrán solicitar por escrito a su empresa la reducción de jornada. Es importante comentar que esta reducción deberá ser aceptada por la empresa; lo complicado viene a la hora de determinar cómo se va a distribuir esa jornada reducida durante el día, aunque esto es tema de otro capítulo.

Distribución del tiempo de trabajo: los turnos y plazos para su comunicación

En muchas empresas existen puestos que deben mantenerse operativos de forma continua o casi continua. Esta necesidad organizativa obliga a establecer turnos de trabajo para asegurar la cobertura constante de dichos puestos. Ello implica obligaciones para los trabajadores, que deben respetar los turnos asignados, pero también impone a la empresa deberes de garantía y protección de sus derechos.

La jornada puede distribuirse de distintas formas: turnos fijos de mañana, tarde o noche, o bien turnos rotativos, en los que la persona trabajadora cambia periódicamente de horario. Estos últimos suelen generar más conflictos, ya que pueden modificarse según las necesidades productivas de la empresa o en función de un calendario rotatorio.

El trabajo nocturno ha sido objeto de una regulación específica. De acuerdo con el artículo 36 del Estatuto de los Trabajadores, ningún empleado que realice trabajo nocturno puede realizar horas extraordinarias, salvo en casos de fuerza mayor. Tanto si el turno de noche es fijo como si forma parte de una rotación, la ley prohíbe trabajar más de ocho horas en un periodo de 24 horas consecutivas. Además, en los sistemas de turnos rotativos, el trabajador no puede permanecer más de 14 días consecutivos en el turno de noche, salvo que lo solicite voluntariamente.

Esta limitación suele generar conflictos, ya que no son pocos los empleados que se quejan de realizar más noches de las permitidas o de no querer asumir ese turno. Sin embargo, la norma es clara: el límite de 14 días consecutivos se establece para proteger la salud del trabajador y garantizar un descanso adecuado.

A nivel económico, el trabajo nocturno también presenta particularidades. Algunos convenios colectivos obligan a la empresa a abonar un plus de nocturnidad por las horas trabajadas entre las 22.00 y las 6.00. No obstante, en otros convenios este complemento no existe, por lo que puede que no tengas derecho a cobrarlo aunque trabajes en ese horario. Es fundamental revisar tu convenio para comprobar si te corresponde.

Por último, respecto a la comunicación o modificación de los turnos, la empresa debe respetar un plazo mínimo de preaviso de cinco días, salvo causas excepcionales. No es válido que el empresario te avise de un cambio de turno mediante un mensaje la noche anterior —por ejemplo, un *whatsapp* a las once— informándote de que al día siguiente entras de tarde en lugar de mañana. Esa práctica vulnera tu derecho a la conciliación y a una planificación razonable de tu tiempo personal.

La importancia del registro de jornada

Estamos ante una de las transformaciones más relevantes de la historia reciente del trabajo. Desde 2019 el registro de jornada es obligatorio en todas las empresas, aunque todavía hay muchas que no lo aplican, lo cual constituye una infracción. Su funcionamiento es sencillo: es un documento en el que se anotan las horas de entrada y salida de cada trabajador. A efectos prácticos, si se utiliza correctamente, resulta extremadamente útil. Antes de su implantación era realmente complicado probar la existencia de horas extraordinarias o llevar un control real de la jornada diaria. Hoy, en las empresas que cumplen, es muy fácil contabilizar las horas efectivamente trabajadas.

El objetivo principal de implantar el registro de jornada en España responde a tres fines:

1. Garantizar el respeto de los límites de jornada y los descansos.
2. Ofrecer seguridad jurídica tanto a empresas como a trabajadores.
3. Permitir un control efectivo por parte de la Inspección de Trabajo.

Esta obligación alcanza a todo el personal, sin excepción, con independencia de si la plantilla trabaja en la oficina, en remoto, en ruta o en un comercio, y sin importar el tamaño de la empresa.

Las empresas, por supuesto, tienen obligaciones concretas respecto al registro de jornada. Aunque es posible que, en la fecha en que leas este libro, dichas obligaciones se hayan ampliado, conviene repasar las actuales para que puedas comprobar si tu empresa cumple o no.

Lo primero que debe garantizar la empresa es que las horas de inicio y final de la jornada sean reales. Aunque parezca un detalle menor, no lo es. Muchas empresas, de manera fraudulenta, entregan al trabajador planillas en blanco para que las firme, y luego el propio empresario rellena las horas a su conveniencia. Este proceder invalida el sistema, ya que el registro deja de reflejar la realidad y no cumple su función legal.

También existen registros digitales realizados mediante programas o aplicaciones informáticas. Sin embargo, incluso en estos casos pueden producirse irregularidades. Hay empresas que permiten que el trabajador fiche correctamente al entrar y salir, pero después modifican los registros para eliminar el rastro de las horas extraordinarias. Esta práctica, igualmente fraudulenta, convierte el registro de jornada en un mero trámite sin valor probatorio.

A la fecha de redacción de este capítulo, el registro de jornada aún puede realizarse en formato papel. No obstante, es probable que cuando leas esto sea obligatorio hacerlo mediante un sistema informático homologado. En cualquier caso, la Agencia Española de Protección de Datos (AEPD) ha dejado claro que no se puede registrar la jornada mediante sistemas biométricos —como huella dactilar, reconocimiento facial o escáner ocular—, salvo autorización específica y justificada. Aunque algunas empresas continúan utilizando estos métodos, debes saber que son ilegales y puedes reclamar si los emplean contigo.

Si en tu empresa el registro de jornada se lleva de manera correcta, estás de enhorabuena: es una herramienta muy útil para reclamar horas extraordinarias. Además, puedes estar tranquilo, ya que la empresa está obligada a conservar los registros durante cuatro años. En caso de demanda, lo habitual es que el juzgado solicite directamente a la empresa la aportación de dichos registros, sin que tú tengas que presentarlos.

Por supuesto —y esto debes tenerlo muy claro— los trabajadores también tienen obligaciones respecto al registro de jornada. En el despacho hemos conocido casos de despido de empleados que no lo utilizaban correctamente, así que tienes que ser especialmente cuidadoso.

Lo primero que debes recordar es que el registro es personal e intransferible: solo puedes fichar por ti mismo. Fichar por un compañero que llega tarde puede considerarse un acto fraudulento y constituir motivo de despido. Del mismo modo, olvidar fichar de forma reiterada puede acarrear sanciones disciplinarias. Al igual que la empresa tiene la obligación de facilitar el sistema de registro, tú tienes la obligación de usarlo cada vez que entres y salgas del trabajo.

Tampoco puedes fichar en horas en las que realmente no estés trabajando. Está prohibido fichar diez minutos antes de llegar o mantener el fichaje activo después de haber terminado la jornada. Cualquiera de estas conductas puede considerarse falta grave y derivar en sanción o despido.

La jurisprudencia española también ha dejado claro que no todo el tiempo pasado en el centro de trabajo se considera tiempo de trabajo efectivo. Es habitual que durante la jornada se produzcan pausas o interrupciones. Por ejemplo, por cada seis horas de trabajo la empresa debe conceder un descanso de quince minutos. Según el convenio colectivo, ese descanso puede computar o no como tiempo trabajado. Si el convenio lo considera tiempo efectivo, no tendrás que fichar; si no lo es, deberás pausar el registro y recuperar ese tiempo antes de finalizar la jornada.

Existen, sin embargo, situaciones más ambiguas que la jurisprudencia ha aclarado. Por ejemplo, el Tribunal Supremo ha determinado que ir al baño no debe ficharse como pausa, ya que se trata de una necesidad fisiológica. En cambio, si interrumpes tu trabajo para tomar un café o fumar un cigarro fuera del descanso establecido deberás registrarlo como pausa. No hacerlo puede acarrear sanciones disciplinarias.

Todo esto está a punto de cambiar —o quizá ya haya cambiado cuando leas estas líneas—. El Gobierno prevé aprobar un nuevo sistema de registro de jornada con el objetivo de impedir manipulaciones empresariales y reforzar la transparencia.

El primer cambio afectará al formato: desaparecerán los registros en papel y los archivos tipo Excel. El sistema deberá realizarse mediante un *software* oficial conectado a internet. Además, se establecerán controles más estrictos: la empresa no podrá modificar unilateralmente los registros, sino que necesitará la autorización expresa del trabajador. De esta forma, cualquier alteración del horario quedará registrada y deberá ser aceptada por ambas partes, lo que facilitará la demostración de las horas extraordinarias.

Otro cambio clave será el acceso directo de la Inspección de Trabajo a estos registros. Hasta ahora, los inspectores debían desplazarse físicamente a la empresa para solicitarlos; con el nuevo sistema podrán consultarlos de forma telemática y en tiempo real. Esto permitirá detectar con rapidez los excesos de jornada, los descansos incumplidos y cualquier otra irregularidad. En definitiva, se trata de una medida que reforzará la protección del trabajador y agilizará las resoluciones en materia de horas extraordinarias.

Obviamente, como ocurre con toda norma, siempre habrá quien busque la forma de sortearla. Pero, al menos, con estas nuevas medidas, la inspección contará con más herramientas de control y los trabajadores estarán más protegidos (por supuesto, podrás seguir la evolución de esta reforma en mis redes profesionales, donde suelo comentar cada novedad importante del derecho laboral).

Horas complementarias vs. horas extraordinarias

Tenía muchas ganas de llegar a este punto. Las horas extraordinarias tienen un protagonismo desmesurado en el panorama laboral; sin embargo, las horas complementarias no son tan conocidas como deberían. No es que la gente las confunda, simplemente creen que solo existen las horas extra. En este apartado no solo vamos a diferenciarlas, sino que también vas a comprender perfectamente ambas figuras.

Te lo explicaré con un ejemplo sencillo. Imagina que estás contratado 20 horas a la semana, pero en una ocasión se produce un pico de trabajo en tu empresa y tu jefe te pide un esfuerzo adicional. Al finalizar la semana, haces cuentas y compruebas que has trabajado 45 horas. Pues bien, las 20 horas de tu contrato son horas ordinarias; desde las 20 hasta las 40 horas semanales se consideran horas complementarias; y desde las 40 horas —el máximo legal semanal— hasta las 45 realmente trabajadas, son horas extraordinarias.

Si este ejemplo no ha sido suficiente para entenderlo, te lo resumo: las horas complementarias solo pueden realizarse en contratos a tiempo parcial. Es decir, si trabajas menos de 40 horas semanales, a grandes rasgos, las complementarias son aquellas que haces hasta alcanzar ese tope. En cambio, las horas extraordinarias son las que superan la jornada semanal máxima legal, es decir, las 40 horas. A continuación analizaremos ambas con detalle.

Horas extraordinarias (artículo 35 del ET)

Conviene comenzar recordando que las horas extraordinarias son voluntarias, salvo en casos muy concretos de fuerza mayor destinados a prevenir o reparar siniestros o daños urgentes. En cuanto a su retribución, la cuestión no es sencilla. Como ya hemos explicado a lo largo del libro, el derecho laboral es muy casuístico y el convenio colectivo es soberano. Es posible que un trabajador de una fábrica en Galicia cobre la hora extra al doble de lo que se paga en Cádiz. Esto se debe a que el Estatuto de los Trabajadores, norma básica del sistema, no fija una cuantía concreta para las horas extraordinarias, sino que remite su regulación al convenio colectivo. Por tanto, si tu convenio está bien negociado, podrás cobrar más —o menos— por las mismas horas extra. Lo que sí es común a todos los trabajadores, sin importar el convenio, es que nunca pueden pagarse por debajo del valor de una hora ordinaria.

Independientemente del importe, ten claro que las horas extraordinarias deben figurar expresamente en tu nómina. No basta con que te las abonen, deben aparecer reflejadas como «horas extraordinarias». Además, recuerda que existe un límite legal de 80 horas extraordinarias al año. No se pueden superar, salvo situaciones excepcionales de fuerza mayor.

Para eludir este límite, algunas empresas utilizan estrategias cuestionables: no registran las horas en el control de jornada ni las reflejan en la nómina. Esto no significa que no las paguen, sino que las disfrazan bajo otros conceptos.

Te pongo un ejemplo real y sencillo. Pedro es oficial de segunda en una fábrica y trabaja 48 horas semanales, es decir, realiza 8 horas extraordinarias a la semana. Si el año tiene 52 semanas, acumulará 416 horas extra anuales, superando con creces el límite de 80. Si la empresa registrara esas horas de manera legal, sería fácil comprobar el exceso simplemente revisando las nóminas. Pero ¿qué hace la empresa? Las paga bajo otros conceptos: «plus de actividad», «incentivo» o «plus de dedicación». De esta forma, el exceso de jornada queda camuflado y resulta imposible detectar que se ha sobrepasado el límite.

Esta maniobra, además, dificulta comprobar si las horas se han pagado correctamente, ya que el trabajador suele desconocer cuántas ha realizado realmente o a qué precio se le han abonado. Si las horas se reflejaran como tales, sería sencillo verificar la cantidad y el valor unitario. En cambio, al pagarlas con otro nombre, el desglose desaparece. Si, al leer esto, te has dado cuenta de que tu empresa hace algo parecido, reclama.

Las horas extraordinarias pueden retribuirse económicamente o compensarse con descanso, siempre dentro de los cuatro meses siguientes a su realización. En cualquier caso, deben abonarse o compensarse. Finalmente, es importante recordar que no pueden realizar horas extraordinarias los trabajadores nocturnos ni los menores de edad.

Horas complementarias (artículo 12.5 del ET)

Estas funcionan de manera muy distinta a las extraordinarias. No tienen nada que ver unas con otras. En primer lugar, para que existan horas complementarias debe haber un pacto previo por escrito entre la empresa y el trabajador. Ese pacto debe ser voluntario y consensuado: la empresa no puede imponerlo unilateralmente.

Además, la ley establece límites claros. El número de horas complementarias no puede superar el 30 por ciento de las horas ordinarias contratadas, aunque los convenios colectivos pueden elevar ese límite hasta el 60 por ciento. Por ejemplo, si trabajas 10 horas semanales, no podrás realizar más de 6 horas complementarias, siempre que así lo prevea tu convenio. En ningún caso puede usarse este sistema para convertir, de hecho, un contrato a tiempo parcial en uno a jornada completa.

Por otra parte, puedes revocar el pacto de horas complementarias en determinadas situaciones. Si estas horas te impiden trabajar en otro empleo a tiempo parcial, realizar una formación o atender tus responsabilidades familiares, podrás poner fin al acuerdo, eso sí, con un preaviso de 15 días.

Por último, debes saber que las horas complementarias se pagan exactamente igual que las horas ordinarias; no existe ningún recargo. Y, al igual que las extraordinarias, deben figurar en la nómina de forma clara.

Tiempo para el descanso

Señores, no todo va a ser trabajar. Estoy seguro de que es imposible ser productivo en el trabajo sin disponer de un descanso tanto físico como mental. Por esta razón, la ley también regula periodos en los que debes permanecer tranquilo, sin trabajar y, lo más importante, sin pensar en el trabajo.

El descanso puede dividirse perfectamente en dos categorías: el descanso diario y el descanso semanal. Cada uno funciona de manera diferente y vamos a explicarlos de la forma más clara posible.

El descanso diario es bastante sencillo de entender. Debe existir un mínimo de 12 horas entre el final de una jornada y el comienzo de la siguiente, sin excepción. Si trabajas con horario partido y sales a las ocho de la tarde, no podrás reincorporarte antes de las ocho de la mañana del día siguiente. Si esto ocurre, reclama: es un incumplimiento evidente.

En cuanto al descanso semanal, se trata de un periodo más amplio, aunque algo más flexible. En este caso, el descanso mínimo será de 36 horas consecutivas, equivalentes a un día y medio aproximadamente, pudiendo acumularse en un periodo de 14 días. Esto significa que puede trabajarse un máximo de 12 días seguidos, debiendo descansar tres días consecutivos a continuación. Si no se respeta este descanso semanal, lo más probable es que estés realizando horas extraordinarias, además de incumplir la normativa de descansos.

Tus días de permiso retribuidos

En este punto quiero aclarar un error muy común entre los trabajadores: confundir los días de asuntos propios con los días de permiso retribuido.

Los días de asuntos propios son aquellos que no necesitan justificación para disfrutarse; puedes faltar al trabajo por motivos personales sin explicar la causa. En cambio, los días de permiso retribuido solo pueden disfrutarse por una causa justificada, y además debes acreditarla ante la empresa, de lo contrario, podrías ser sancionado.

Otra diferencia esencial es que todos los trabajadores tienen derecho a permisos retribuidos, pero no todos tienen derecho a días de asuntos propios, ya que estos últimos solo existen si están reconocidos en el convenio colectivo. En cambio, los permisos retribuidos están regulados en el Estatuto de los Trabajadores, por lo que se aplican a todos los trabajadores de España. No obstante, algunos convenios pueden ampliar estos permisos, concediendo más días que los mínimos establecidos por ley.

Vamos a repasar los permisos comunes a todos los trabajadores, explicándolos de forma sencilla para que puedas entenderlos perfectamente. Veamos lo que dispone el artículo 37 del Estatuto de los Trabajadores.

- **Quince días naturales en caso de matrimonio o registro de pareja de hecho.** Este permiso es fácil de entender, aunque en el despacho he recibido muchas consultas sobre su aplicación, especialmente en lo relativo al momento del disfrute. Imagina que te casas y quieres disfrutar de los 15 días en una fecha posterior a la boda. Podrías tener un problema. Por norma general, los permisos retribuidos deben comenzar el día siguiente al hecho que los origina, salvo que se pacte algo distinto con la empresa. Es decir, si te casas o registras como pareja de hecho en mayo y deseas irte de luna de miel en agosto, tendrás que acordarlo previamente con la empresa. Si esta no accede, podrías perder el derecho a disfrutarlo más adelante. Mi consejo: acuerda la fecha antes de reservar el viaje.

- **Cinco días por accidente o enfermedad grave, hospitalización o intervención quirúrgica sin hospitalización que precise reposo domiciliario del cónyuge, pareja de hecho o familiares hasta segundo grado de consanguinidad o afinidad.** Este permiso ha generado bastante confusión desde su reforma. Pasó de tres a cinco días, lo que ha ocasionado conflictos con convenios colectivos que aún no han sido actualizados. Algunas empresas han negado a los trabajadores los dos días adicionales argumentando que el convenio sigue recogiendo solo tres. Esto es incorrecto: el convenio nunca puede empeorar lo establecido en el Estatuto de los Trabajadores. Si la ley fija cinco días como mínimo, deben ser cinco, salvo que el convenio amplíe ese número.

  Otro punto de controversia es cómo computan los días. ¿Cuentan los fines de semana? ¿Si el permiso empieza en viernes, termina el martes? No. La jurisprudencia ha sido clara: estos cinco días son hábiles, por lo que no se cuentan ni los fines de semana ni los días de descanso del trabajador.

Además, este permiso puede disfrutarse varias veces al año si se dan distintas situaciones cubiertas por el mismo (por ejemplo, hospitalizaciones de diferentes familiares), aunque a la empresa no le guste.

Ejemplos prácticos:

o Tu padre se somete a una operación de cataratas. No queda ingresado, pero le prescriben reposo domiciliario durante una semana. Tienes derecho al permiso.

o Tu marido sufre un accidente de moto y permanece ingresado en el hospital. En este caso, también te corresponden cinco días de permiso retribuido.

- **Dos días por fallecimiento del cónyuge, pareja de hecho o familiares hasta segundo grado de consanguinidad o afinidad.** Si el fallecimiento implica desplazamiento, el permiso se amplía dos días más. A día de la redacción de este libro, el Ministerio de Trabajo estudia ampliar este permiso a 10 días, aunque la medida aún no está en vigor.

- **Un día por traslado del domicilio habitual.** Me resulta curioso que la ley contemple un día de permiso para realizar una mudanza, pero no reconozca uno para acudir a consultas médicas, algo que suele quedar sujeto a la regulación de cada convenio colectivo mediante las llamadas «horas médicas».

- **Por el tiempo indispensable para el cumplimiento de un deber inexcusable de carácter público y personal.** Esto incluye, por ejemplo, el ejercicio del derecho al voto. Si trabajas un domingo de elecciones, tienes derecho a ausentarte el tiempo necesario para ir a votar y volver a tu puesto sin pérdida de salario. Este permiso también cubre casos en los que el trabajador forma parte de una mesa electoral y su jornada coincide con el cumplimiento de esa obligación.

- **Para realizar funciones sindicales o de representación del personal.** Si eres delegado sindical o representante de los trabajadores, podrás ausentarte de tu puesto el tiempo necesario para cumplir con esas funciones sin pérdida de salario, en los términos previstos en la ley o el convenio colectivo.
- **Por el tiempo indispensable para exámenes prenatales o trámites de adopción, guarda o acogimiento.** Es uno de los permisos menos conocidos, pero más relevantes. Permite ausentarse para asistir a revisiones médicas prenatales, cursos de preparación al parto o trámites e informes de adopción o acogida, siempre que tengan lugar durante la jornada laboral. La finalidad es proteger la salud y la conciliación familiar desde las primeras etapas.
- **Hasta cuatro días por imposibilidad de acudir al trabajo o circular por causa de fuerza mayor.** Este permiso se aplica en situaciones excepcionales, como catástrofes naturales o fenómenos meteorológicos adversos. Tras los efectos de la dana de 2024, se vio la necesidad de regular estos supuestos. Así, si las autoridades desaconsejan o prohíben los desplazamientos por riesgo grave, el trabajador no está obligado a acudir al trabajo y mantiene su derecho a salario.
- **La persona trabajadora tiene derecho a ausentarse por motivos familiares urgentes (por ejemplo, enfermedad o accidente de un conviviente), hasta un máximo de cuatro días al año, que pueden disfrutarse por horas, siempre acreditando la causa.**

- El permiso «desconocido». Pocos trabajadores conocen este permiso, pero es de los más útiles, especialmente para quienes tienen hijos. Se trata de **un permiso de cuatro días al año, que puede disfrutarse por horas, en casos de fuerza mayor médica.** Por ejemplo, si tu hijo enferma en el colegio y debes recogerlo y llevarlo al médico, puedes ausentarte del trabajo y cobrar el tiempo de ausencia. Lo importante es que solo se descuenta el tiempo real de ausencia, no un día completo. Este permiso solo puede utilizarse una vez al año, con las horas proporcionales a tu jornada. Es decir, si trabajas 8 horas diarias, dispondrás de 32 horas al año; si trabajas 4 horas diarias, tendrás 16 horas.

¿Qué hacer si la empresa se niega a concederte un permiso que te corresponde? Lo más prudente es acudir igualmente al trabajo para no arriesgar tu empleo, pero al mismo tiempo presentar una reclamación por escrito. Posteriormente podrás solicitar una indemnización por los perjuicios sufridos al no haber podido disfrutarlo.

Festivos

Los festivos suelen ser foco de conflicto. En España hay 14 festivos anuales, distribuidos de forma distinta según la provincia. Son días en los que, por norma general, no se trabaja y se cobra igualmente el salario.

Ahora bien, conviene aclarar algunas dudas habituales:

- ¿Debo recuperar los días festivos? No. Obligar al trabajador a recuperar un día festivo es ilegal. Sin embargo, algunas empresas lo hacen, exigiendo que se compensen con más horas otro día. Es una práctica contraria a la ley.

- ¿De qué depende estar obligado a trabajar en festivo? Depende del convenio colectivo y del tipo de actividad. Hay sectores —como sanidad, hostelería o seguridad— donde el trabajo en festivos está contemplado, siempre con compensación económica o descanso equivalente. En los demás casos, trabajar en festivo debe ser voluntario y remunerado según marque el convenio.

Vacaciones (por fin)

Todos los trabajadores tienen derecho a vacaciones. Es más, todos tienen derecho a las mismas vacaciones. Recalco esto último porque es importante. Existen algunas circunstancias que las empresas aprovechan para recortar vacaciones a ciertos trabajadores. En especial, estoy hablando de los trabajadores a jornada parcial, quienes suelen tener dolores de cabeza con este tema. Os explico, he tenido muchas consultas de empleados que me cuentan que sus jefes les intentan convencer de que su porcentaje de vacaciones varía en función del porcentaje de jornada que tenga, y esto no es así.

Imagina que, respecto a la jornada de 40 horas semanal, que podríamos entender que es el cien por cien, tú trabajas la mitad, el 50 por ciento. Pues te tiene que quedar meridianamente claro que eso no significa en ningún caso que vayas a tener derecho a la mitad de las vacaciones. Da igual el porcentaje de jornada que tengas, trabajes más o menos tienes derecho a la misma cantidad de vacaciones: 30 días naturales o 22 días hábiles, a no ser que en tu convenio colectivo vengan mejorados y tengas más, pero nunca pueden ser menos.

Días hábiles vs. días naturales

He perdido la cuenta de cuántas veces he oído esta comparación entre amigos y conocidos. Cada vez que sale el tema, siempre hay alguno que intenta convencer al prójimo de que su sistema de vacaciones es mucho mejor porque no le cuentan los fines de semana o porque tiene más días. ¿Queréis saber el resumen? Da igual.

En puridad, si tus vacaciones se cuentan por días naturales o por días hábiles debes disfrutar al final la misma cantidad de tiempo. Es exactamente igual que tu empresa te deje disfrutar de 30 días naturales de vacaciones que de 22 días hábiles. De hecho, si te fijas en un mes con 30 días, suelen haber 22 días hábiles, en cambio, si descansas 22 hábiles, contarás 30 días naturales.

La única diferencia real es que en un sistema se cuentan los fines de semana y festivos como vacaciones y en el otro no. Pero realmente estamos hablando de lo mismo. Puede pasar que algún mes en concreto algún sistema salga beneficiado porque tenga menos fines de semana o tenga más festivos, pero será algo anecdótico. Si escuchas esta conversación cuando quedes con gente, hazme el favor y zanja el tema de mi parte.

¿Quién elige las vacaciones?

Estoy disfrutando particularmente este libro por poder desmontar mitos que llevo escuchando a diario desde hace demasiado tiempo. Por favor, acabemos ya con el manido relato de que la mitad de las vacaciones la elige la empresa y la otra mitad el trabajador. Esto es falso. Al menos no es del todo cierto. Vamos a explicarlo.

Realmente, las vacaciones solo se pueden elegir por consenso. Tanto tú como la empresa debéis estar de acuerdo con las fechas en las que vas a disfrutarlas. Es lógico que se ceda por las dos partes. A no ser que tú estés de acuerdo con elegir la mitad de tus vacaciones y la empresa igual, esto no debe ser la forma de proceder establecida. Hay empresas que directamente te imponen este sistema, por lo que no se llega a través del consenso. Y aquí es donde está la clave. Si las vacaciones se imponen por parte de la empresa, ya sea con el sistema de 15 y 15 días o cualquier otro, estaremos ante un incumplimiento.

Si vives en tus propias carnes este incumplimiento, debes moverte rápido. Solo tendrás 20 días hábiles para demandar a tu empresa si entiendes que te han impuesto las vacaciones sin intentar negociar contigo las fechas. Si inicias una demanda por este motivo, a no ser que haya acuerdo antes de la celebración de la vista, el juez diligentemente decidirá en base a las circunstancias de la empresa y las tuyas. Si no demandas en este plazo, se te pasará la posibilidad de reaccionar ante esta imposición y deberás disfrutar las vacaciones en las fechas impuestas por la empresa. O te mueves, o tendrás que acatar lo que diga tu jefe.

¿Cuándo deben empezar?

Esta es una pregunta que mis clientes no se suelen hacer y que puede ser igual de importante que cualquiera de las anteriores. Si trabajas de lunes a viernes, la empresa no podrá imponerte comenzar las vacaciones un viernes. Según lo establecido legalmente, deberán empezar el primer día hábil. Si como hemos dicho tu jornada es de lunes a viernes, el primer día hábil será el lunes. Si la empresa te obliga a comenzar el viernes, si tienes las vacaciones organizadas en días naturales, perderás el fin de semana. Por lo que recuerda lo que te digo en este punto la próxima vez que vayas a solicitarlas.

Sé previsor

Es importante que organices las vacaciones con antelación, y no te estoy hablando de reservar los vuelos y el hotel. Lo que te voy a contar es muchísimo más importante que reservar una habitación en tu destino favorito. Tal y como dispone el Estatuto de los Trabajadores, las vacaciones deberán fijarse en común entre la empresa y el trabajador con dos meses mínimo de antelación. Sin embargo, te recomiendo que te muevas incluso antes por lo que pueda pasar.

Imagina que un mes y medio antes de irte de vacaciones le propones a la empresa los días que quieres. En el hipotético caso de que haya cualquier inconveniente y tengas que comenzar un procedimiento judicial para que un juez fije los días de vacaciones, puede que no dé tiempo a celebrar el juicio antes de las fechas en las que querías disfrutarlas. En estos casos lo máximo que se puede hacer es solicitar daños y perjuicios por no lograr las fechas que querías. En cualquier procedimiento, ya sea este o de cualquier tipo, debes tener presente que, lamentablemente, en España la justicia es bastante lenta. Debido a ello, cualquier trámite que debería ser rápido se puede demorar mucho más de lo que te gustaría. Si cuentas con esto, no te llevarás la sorpresa cuando consultes con cualquier abogado.

Vacaciones sin permiso

Mucho cuidado con esto. Imagina la situación: llevas soñando con un viaje muchísimo tiempo. Lo preparas con mucha antelación, los vuelos te cuadran perfectamente, encuentras tu hotel perfecto y finalmente reservas para toda tu familia. Todo listo menos una cosa, avisar a la empresa. Poco después te presentas en el despacho de tu jefe y le cuentas ilusionado que vas a irte de vacaciones en una determinada fecha y que vas a ir a tu destino soñado. Sin embargo, tu jefe te dice que en esa fecha le viene fatal y que no puedes irte.

Todo comprado, un dineral en los vuelos, el hotel y un montón de actividades. Ahora, ¿qué? Pues siento decirte que has construido la casa por el tejado. Antes de reservar un vuelo o preparar un viaje, asegúrate de que tu jefe está de acuerdo. Legalmente, no puedes irte de vacaciones sin permiso. Si decides no perder el dinero invertido en el viaje y desobedecer a tu empresa, debes aceptar que estás cometiendo una falta muy grave en tu trabajo y puede ser sancionada con el despido.

Si has cumplido con el plazo para solicitarlas y la empresa se ha negado a concedértelas sin ningún tipo de excusa valida, lo único que podrás hacer es reclamar los daños y perjuicios que te ha causado el capricho de tu jefe. Eso sí, no podrás marcharte de vacaciones a ese viaje soñado.

Haz las cosas bien, solicita el permiso de esas vacaciones por escrito y cuando lo tengas, prepara el viaje.

¿Se pierden las vacaciones estando de baja médica?

No. Aunque muchos trabajadores lo creen así. Falsamente, llegan a la conclusión de que el tiempo de baja es «descansar» y que no pueden solicitar sus vacaciones pendientes cuando este periodo de incapacidad temporal llega a su fin. Nada más lejos de la realidad: tienes derecho a todas las vacaciones acumuladas desde el inicio de tu baja.

Vamos a poner un ejemplo práctico para que lo puedas entender. Imagina que comienzas la baja médica un 1 de enero de 2026 y llegas al tiempo máximo de baja, 18 meses. Sumando, nos plantamos en junio de 2027. En este caso, podrás solicitar las vacaciones completas del 2026 y la mitad de 2027. Debido a que solo han pasado 6 meses de 2027, solo habrás generado el derecho a la mitad de tus vacaciones en ese año. Según la norma general de 30 días al año, tendrás derecho a 45 días de vacaciones. Deberás solicitarlas justo en el momento en el que te den de alta médica, preferiblemente por escrito. Si la empresa se niega a dártelas, tendrías que demandar como hemos hablado en este mismo capítulo.

¿Y si la empresa quiere pagarme las vacaciones?

A diario recibo consultas relacionadas con esta pregunta. De todo tipo. Desde el que disfruta una semana y la empresa le paga el resto en nómina, hasta el trabajador que recibe un sobre en efectivo con dinero para solo disfrutar la mitad de sus vacaciones. Esto es una práctica totalmente ilegal. Si estás trabajando, no podrás cobrar las vacaciones. Solo en casos muy precisos, que vamos a repasar también en este punto. Todo esto lo digo porque en muchas ocasiones esta voluntad de cobrar las vacaciones no nace del empresario, sino de los mismos trabajadores. Incluso en estos casos tampoco será legal.

Como he comentado, en dos casos excepcionales sí pueden cobrarse las vacaciones. Uno es cuando se produce una extinción del contrato, ya sea porque se termina un contrato temporal o porque se produce un despido. Si te encuentras en cualquiera de estas situaciones y no has disfrutado de tus vacaciones, la empresa deberá incluirte el abono de las mismas en el finiquito.

La otra posibilidad es un poco más extraña. Imagina que te encuentras de baja médica y agotas el plazo máximo de 18 meses. En ese caso la empresa está facultada a darte de baja en la Seguridad Social. En ese momento, se suspenderá tu relación laboral a expensas de lo que resuelva el tribunal médico. Justo en este momento, aunque sigas perteneciendo a la empresa, esta te podrá liquidar y abonar las vacaciones que te queden pendientes por disfrutar. Eso sí, si finalmente no te otorgan una incapacidad permanente, tendrás derecho a disfrutar esas vacaciones que has cobrado previamente. Quiero aclarar que no volverás a cobrar durante ese periodo de vacaciones, ya que las habrás cobrado previamente en el finiquito que hemos comentado.

Mi jefe no me da vacaciones: ¿esa reclamación prescribe?

Por desgracia, hay muchas empresas que no le dan la posibilidad de disfrutar las vacaciones completas a sus empleados. Pasan los años y puede que tu jefe te niegue siempre diez o quince días de disfrute de vacaciones. Muchos clientes me han preguntado si pasados cinco años pueden reclamar todas esas vacaciones que no han podido disfrutar durante todo el tiempo que han estado prestando servicios en la empresa. Y la respuesta es sí. Puedes reclamar todos los años hacia atrás que quieras, si se trata de vacaciones. El Tribunal de Justicia de la Unión Europea ha dejado claro que si la empresa te ha negado la posibilidad de disfrutarlas, puedes reclamar el abono de las vacaciones no disfrutadas si estás fuera de la empresa, o incluso su disfrute si todavía estás dentro.

Cosa bien distinta es que la empresa te haya dado la posibilidad de disfrutarlas y tú voluntariamente no hayas querido. Es un caso bastante extraño, pero si tu empresa puede demostrar esto, no habrá posibilidad de reclamar estas vacaciones.

5

TU FAMILIA
Y TU TRABAJO

El cambio de paradigma que se ha producido en la sociedad es claro. Estoy seguro de que las consultas que pudo tener mi madre hace diez o veinte años no tienen nada que ver con las que puedo tener yo a día de hoy. Antiguamente el 90 por ciento de las personas se preocupaba por ganar más, era el único objetivo y se quería conseguir casi a cualquier precio. El objetivo es que tu nómina subiera incluso a costa de tener que trabajar más horas. El tiempo que se pasaba en casa no era algo que se considerase a final de mes cuando llegaba el dinero a la cuenta.

La gente pasaba diez, quince, veinte años en la misma empresa, y era lo normal. Incluso los trabajadores, cuando tenían que cambiar de empresa, no valoraban si iban a poder conciliar mejor. Lo que importaba era el sueldo, poco más. Esto ya no es así.

La población activa funciona de una forma muy diferente, comenzando por la rotación altísima que hay en las empresas. La media de años que suelen estar mis clientes en sus empleos no es de más de cuatro años. Me llegan muchísimas consultas de personas que quieren abandonar su puesto de trabajo tras dos años y medio. La gente ha perdido el miedo a cambiar de empleo y eso es positivo porque se genera más competencia entre empresas. Y la razón principal que impulsa a hacerlo es la conciliación familiar. El hecho de poder pasar más tiempo en casa con tu hijo/a copa las preocupaciones de los trabajadores, me lo encuentro a diario en el despacho.

¿Cuándo puedes conciliar?

Obviamente, cualquiera quiere conciliar su vida laboral con la familiar, pero no siempre se puede. Solo será posible si tienes un hijo menor de doce años, algún familiar de hasta el segundo grado de consanguinidad que no se pueda valer por sí mismo o cualquier persona dependiente que conviva contigo y esté a tu cargo. Hay que tener claro que si tu hijo cumple más de doce años, pero sigue siendo una persona dependiente, también podrás optar a esta conciliación.

En el caso de que tu hijo esté sano, cuando llegue a esa edad decaerá la obligación de la empresa de mantenerte las condiciones más beneficiosas para la conciliación. Hay muchas empresas que ofrecen a sus trabajadores la posibilidad de seguir con esas condiciones después de terminar el plazo, pero debes saber que no tienen ningún tipo de obligación.

También debes tener en cuenta algo muy importante: imagina que tienes una jornada reducida a la mitad para cuidar de tu hijo desde que tenía seis años. Estás en 20 horas a la semana y tu hijo cumple los doce y no dices nada. Pasa un año y no solicitas volver a tu jornada laboral de ocho horas previa a la reducción… Pues es posible que te quedes con esa jornada parcial y no puedas recuperar tu jornada completa, así que, cuidado.

En el caso de que tu intención sea volver a tu jornada completa o a las condiciones previas a la conciliación, te aconsejo que lo solicites con 15 días de antelación a que tu hijo cumpla los doce años. Recuerda que tu jornada real es la anterior a la conciliación familiar, por lo que la empresa no podrá negarte volver. Si lo hace podemos estar ante una modificación sustancial de las condiciones laborales y tendrás que iniciar un procedimiento judicial para recuperar tu derecho.

Las opciones para conciliar

Son muy diversas. Depende de las necesidades concretas que tengas en casa. Incluso, puede ocurrir que durante una fase necesites el teletrabajo y en otro momento, una concreción de jornada. Las opciones más habituales son adaptar la jornada laboral y el teletrabajo.

Adaptar la jornada laboral

Dentro de ella, existen diferentes opciones: es posible solicitar una reducción de jornada o simplemente un cambio dentro de la distribución de tu jornada, sin reducir las horas del contrato. Por ejemplo, dentro de esta adaptación, si estás en 40 horas semanales, puedes pedir bajar a 20, o que esas 40 horas se lleven a cabo en jornada de mañana en vez de en horario de tarde.

Si decides reducir la jornada, deberás tener en cuenta que lo mínimo que podrás solicitar para la reducción de jornada es 1/8 de tu jornada, y lo máximo, la mitad. Es decir, si trabajas ocho horas al día, lo mínimo que podrás reducirte es una hora al día y lo máximo, cuatro horas. Hay que tener en cuenta que la empresa está obligada a concederte esta reducción de jornada, a lo que no está obligada es a distribuir esta jornada reducida en el horario que tú elijas, como veremos más adelante.

También existe la posibilidad, como hemos comentado, de que solo pidas un cambio de turno. Imagina que no quieres trabajar menos de 40 horas debido a que necesitas cobrar el sueldo de una jornada completa. Si tienes un horario de 14.00 a 22.00, pero necesitas estar con tu hija por las tardes, podrás solicitar a la empresa trabajar en el turno de mañana de 9.00 a 17.00. La empresa, como vamos a analizar más adelante, no está completamente obligada a otorgarte este horario.

Más allá de los límites que hemos comentado, en cuanto a la adaptación de jornada y reducción no hay más límites que los pactados con la empresa. La legislación es bastante abierta en este sentido. Mientras que tanto la empresa como el trabajador se pongan de acuerdo, siempre cumpliendo con los términos legalmente establecidos, existe bastante libertad a la hora de adaptar la jornada para conciliar la vida laboral y familiar. Básicamente, la ley no quiere entorpecer la buena relación entre empresa y trabajador.

El teletrabajo

Con la pandemia se popularizó, pero no ha seguido creciendo al ritmo esperado, de hecho, muchas empresas lo miran con recelo a día de hoy. Pese a ello, es una opción muy solicitada por las madres y padres de España. El poder estar en casa trabajando ofrece una flexibilidad muy grande a la hora de conciliar la vida laboral con la familiar. Pese a que ya han pasado más de cinco años desde aquel fatídico 2020, las personas que consiguen el teletrabajo, ya sea porque es una política habitual de la empresa en la que trabajan o porque se lo han otorgado por la conciliación, tienen ciertas preguntas cuyas respuestas desconocen.

¿Trabajar desde cualquier ciudad o país? La verdad sobre el teletrabajo

Es fácil que en el imaginario colectivo, cuando se habla de teletrabajo, se piense en trabajar desde una playa o una isla desierta como si de una película se tratase, sin embargo, esto no funciona así. La realidad en este caso no supera a la ficción, ya que existen unas normas bastante estrictas que deben cumplirse.

Cuando se pacta el teletrabajo por escrito, además de muchas otras cláusulas, se debe consensuar el lugar desde donde se va a trabajar. Esto es clave, no puedes elegirlo de manera unilateral, tiene que ser en común acuerdo con la empresa. Es más, si pactas un lugar de trabajo con la empresa y, sin comunicarlo, te vas a otro totalmente diferente te estarás exponiendo a una sanción por parte de tu empleador. Lo ideal es cerrar varios centros de trabajo cuando se esté negociando. Imagina que tienes una residencia en verano y otra en invierno. Es común que los españoles migremos a zonas costeras en verano huyendo de la ciudad; si dejas registrado en tu pacto de teletrabajo esta última circunstancia, no debería haber ningún problema porque te desplaces a la playa en verano.

Incluso, si tienes que hacer un desplazamiento temporal como ir a visitar una semana a tus padres si viven en otra ciudad, es positivo que lo comuniques a la empresa para no tener problemas de ningún tipo, ya que, repito, el lugar desde donde teletrabajes debe ser consensuado. Nada de trabajar desde la playa, literalmente, o irte a cualquier sitio sin avisar a nadie.

¿Quién paga los gastos?

Esto es algo que ha sido motivo de dolores de cabeza para muchos. Está claro que si estás en la oficina, los gastos de luz, ordenador, internet, calefacción o cualquiera que se generara en torno a una relación laboral los tiene que asumir la empresa. A nadie se le ocurre que tu jefe te pida que pagues parte de la luz que consume tu ordenador o parte de la factura de internet. Sin embargo, cuando hablamos de teletrabajo esto siempre se ha difuminado y hay empresas que intentan escabullirse de esta obligación.

Debe quedar meridianamente claro que el empleado no puede asumir gastos inherentes al teletrabajo. La ley es clara: la empresa deberá compensar al trabajador por los gastos que se generen. En el caso de que esto no se produzca, se podrán reclamar judicialmente. Al igual que cuando trabajas de fontanero la empresa te debe ofrecer los medios para llevar a cabo tu faena, si teletrabajas la empresa deberá abonarte una compensación por los gastos de luz, internet o cualquier otro que se deriven de tu labor. Es más, deberá suministrarte medios para ello, por lo que, si trabajas con un ordenador, deberá suministrarte uno. Esto es algo que, aunque esté recogido legalmente, en muchas ocasiones no se lleva a cabo y es importante tenerlo presente.

¿Qué ocurre si tienes un accidente?

Como hemos visto ya en este libro, existen dos tipos de contingencias cuando alguien tiene un accidente y no puede ir a trabajar. No es lo mismo que tengas un dolor muy fuerte en la espalda justo al levantarte de la cama, a que tengas ese mismo dolor cuando vas a levantar una puerta del suelo mientras trabajas de carpintero. Si te pasa esto último, la baja tendrá que tratarse como un accidente laboral, con todas las consecuencias que esto conlleva.

Pero ¿qué ocurre si esto te pasa en casa mientras teletrabajas? No te ha pasado en el centro de trabajo, pero te ha pasado trabajando. ¿Es enfermedad común o accidente laboral? La ley ya se ha pronunciado sobre ello y quiero que quede claro: si el accidente se produce en tu domicilio, en tiempo de trabajo, esto es importante, debe ser considerado accidente laboral con todos sus efectos.

Imagina que vas al baño de tu casa mientras que estás en horario laboral, con la mala suerte de que tropiezas y te caes de boca. Te haces mucho daño y te dan la baja médica. Esta baja debe considerarse un accidente laboral. Eso sí, esto naturalmente tiene límites, no todo lo que pase en casa debe ser accidente laboral. Si tu horario ya ha pasado y claramente no estás en modo trabajo, cualquier cosa que te pase será accidente no laboral o enfermedad común. Para que la razón de la baja se pueda categorizar como accidente laboral, se deberá demostrar claramente que en el lapso de tiempo en el que se ha producido el incidente estabas trabajando, o en una pausa para el descanso mientras trabajabas.

¿Se te puede acabar el chollo?

Sí, las cosas buenas no duran para siempre. El teletrabajo se puede acabar. Es más, en cuanto la pandemia amainó y volvimos a la normalidad, en el despacho recibimos muchas consultas en este sentido: empresas que habían instaurado el teletrabajo, pero que en cuanto se planteó la posibilidad de volver a la oficina, no dudaron ni un momento en revertirlo. Y es bastante curioso, debido a que tanto para la empresa como para el trabajador puede ser interesante. La empresa ahorra costes fijos al no tener que contar con tantas instalaciones, más allá de la compensación que haga a sus trabajadores por los gastos ocasionados con motivo del teletrabajo. Y el trabajador puede tener mayor flexibilidad, ahorra desplazamientos y puede trabajar más cómodo. Sin embargo, no es un modelo de trabajo que haya triunfado como se esperaba.

Vamos a lo importante. ¿Puedes quedarte sin teletrabajo porque la empresa unilateralmente lo decida? Teóricamente no. Es decir, el teletrabajo se puede terminar, pero no porque a tu jefe le dé la gana ese día.

- Si se ha acordado por la conciliación familiar, solo podrá finalizarse por el hecho de que tu hijo llegue a la edad máxima y la empresa te pida volver a la presencialidad.
- Si se ha negociado entre la empresa y trabajador, sin que medie una conciliación familiar, en el acuerdo deberán reflejarse los motivos por los que se le puede poner fin para volver a la oficina.
- Es posible, por otro lado, que ni la empresa ni el trabajador hayan sido previsores en este sentido y no se disponga nada. En este caso el Tribunal Supremo lo ha dejado claro: no se podrá terminar con el teletrabajo por voluntad de cualquiera de las partes, y tampoco la empresa podrá llevar a cabo una modificación sustancial para volver al trabajo presencial. Para este caso concreto será obligatorio cerrar un acuerdo entre las partes que termine con el teletrabajo. Si tu empresa no cumple con ese acuerdo, tendrás solo 20 días hábiles para iniciar un procedimiento judicial por una reversión fraudulenta del teletrabajo.

Cambio de oficina

Hay que dejar claro que materialmente el cambio de oficina no está contemplado como una medida de conciliación familiar. Sin embargo, si está bien justificada, por analogía se puede llegar a conceder. Estamos hablando de situaciones en las que la empresa tenga varias oficinas y necesites moverte de una a otra para poder conciliar mejor. Por ejemplo, pides una adaptación de la jornada para poder recoger a tu hijo del colegio, pero la empresa te ofrece moverte a otra oficina que está más cerca del colegio en vez de modificarte el horario. Como vemos, aunque materialmente no estemos hablando de una medida instaurada, puede ser una muy buena opción durante una negociación si realmente acreditamos la necesidad de conciliar.

¿Cómo se consigue la conciliación familiar?

Esta, realmente, es la pregunta del millón. Aquí claramente debemos hacer una diferenciación entre empresas y trabajadores que se entiendan, y empresas y trabajadores que no se entiendan. Si hay buen rollo con tu empresa y sabes que no te va a poner problemas, será mucho más sencillo. Si hablas con la empresa, llegas a un acuerdo y lo dejas por escrito, ya lo tienes hecho.

Lo más importante a la hora de solicitar una conciliación familiar es tener en cuenta que tus peticiones van a ser proporcionadas y razonables. Es decir, que sean las justas para poder cumplir con las obligaciones familiares y sean posibles de realizar en la empresa.

Si crees que tu propuesta es proporcionada y razonable, el siguiente paso está claro: realizar un escrito dirigido a la empresa para solicitar la medida de conciliación familiar que hayas elegido. En este escrito, te recomiendo ser lo más detallista posible. Es importante comentar tu situación, la situación laboral de tu pareja, los horarios de tus hijos y la justificación que te lleva a solicitar la conciliación familiar. Una vez que lo has entregado, la empresa tiene que responder a esa solicitud. Y lo puede hacer de tres formas:

- Que acepte todo lo que pides y haya entendimiento.
- Que no lo acepte del todo y ofrezca propuestas alternativas. En ese caso, se deberá abrir un periodo de negocia-

ción en el cual, tanto una parte como la otra, deberán intentar ponerse de acuerdo. En el caso de que esta negociación no sea fructífera y la oferta final de la empresa no te convenza, tendrás 20 días hábiles para interponer una demanda en el juzgado.

- La tercera opción es que la empresa se cierre en banda desde el principio y lo único que quede sea demandar antes de que pasen los 20 días hábiles de esta negativa.

Siempre me preguntan si este tipo de procedimientos judiciales son fáciles de ganar. Como reflexión válida para cualquier demanda comentada en este libro, ningún procedimiento judicial es fácil de ganar; el porcentaje de aleatoriedad siempre está presente. Jamás te fíes de ningún abogado que te diga que tu caso está completamente ganado, independientemente del tipo de procedimiento que sea; siempre hay posibilidad de que el juez no comparta la visión que tiene tu abogado y le quite la razón.

Hablando del procedimiento de conciliación familiar, lo más importante a la hora de que un juez te dé la razón es que tu propuesta sea lógica y razonable tanto con la empresa como con tus objetivos de conciliación. Si estás trabajando en un bar que solo da cenas, es imposible que solicites turno de mañana. Por otra parte, para conseguir el mejor resultado en estos casos conviene evaluar el «no» de la empresa. Cuanta menos fundamentación tenga su negativa, más fácil será para el juez darte la razón.

Obviamente, y volviendo al ejemplo del bar que solo da cenas, es fácil explicar por qué no te otorgan el turno de mañana. Sin embargo, si la empresa no te ofrece la posibilidad de conciliar solo porque no le apetece y no puede demostrar que realmente hay razones organizativas que lo justifican, el juez entenderá que deberás conciliar.

6

¿LOS CAMBIOS SIEMPRE SON BUENOS?

Todos aspiramos a tener un trabajo en el que encontrarse cómodo y seguro porque dominas y controlas las tareas que realizas y porque en él reina la estabilidad; el trabajo se vuelve predecible y eso reduce la ansiedad. No tienes que enfrentarte a sorpresas desagradables ni a desafíos constantes, lo cual puede ser tranquilizador.

Ahora bien, en el entorno laboral actual es casi imposible quedarnos siempre en la comodidad. Los cambios llegan, queramos o no, aunque no todos revisten la misma entidad. Un día puedes llegar a tu puesto de trabajo y encontrarte con cualquiera de los siguientes escenarios:

- Mañana tus funciones van a ser otras.
- Necesito que trabajes la mitad de horas.
- Vas a pasar de la mañana a la tarde.

Es lógico que cualquiera de estos cambios afecten a tu zona de confort, que puede definirse como ese lugar mental donde te sientes seguro en el trabajo, y salir de ella te puede generar incomodidad, estrés o incluso miedo, por eso creo que es importante conocer las posibles modificaciones en un contrato laboral.

Dentro de estos cambios, podemos diferenciar entre modificaciones sustanciales (cambios realmente relevantes), y cambios más livianos, que no son sustanciales. En cada apartado, iremos haciendo un desglose de cuándo existe cambio sustancial y cuándo no. Esta distinción es muy importante, te cuento por qué.

Principales cambios en la relación laboral

Los cambios más comunes son:

- Cambio de funciones (movilidad funcional).
- Cambio de la jornada laboral.
- Cambio de horario o régimen de turnos.
- Cambio de salario o sistema retributivo.
- Cambio del lugar de trabajo (movilidad geográfica).
- Otros cambios habituales: en el sistema de trabajo o rendimiento, modalidad presencial, teletrabajo…

Cambio de funciones (movilidad funcional)

Un cambio de funciones implica asignar al trabajador tareas distintas a las acordadas originalmente. La legislación (artículo 39 del ET) permite cierta movilidad funcional ordinaria: el empresario puede encargar funciones equivalentes dentro del mismo grupo profesional o categoría similar del trabajador, sin necesidad de modificar el contrato ni recabar un consentimiento expreso. Este ejercicio del poder de dirección es válido siempre que se respeten la titulación y la dignidad profesional del empleado.

Por ejemplo, asignar temporalmente a un administrativo tareas de atención al cliente dentro de su categoría sería un cambio ordinario permitido. Es algo lógico que un administrativo realice estas funciones, que además suelen estar dentro de las que tiene asignadas según su grupo profesional. Para hacer esto la empresa no tiene que darte ningún tipo de justificación ni puedes hacer nada para cambiarlo como trabajador. En este caso no habrá una modificación sustancial.

Pero puede que tus nuevas tareas excedan los límites de la movilidad funcional prevista en la ley. Por ejemplo, la empresa decide que vas a dejar de ser administrativa y te vas a dedicar al mantenimiento de la oficina. Es obvio que, siendo administrativa, en ningún momento va a estar dentro de tus funciones limpiar ni arreglar un grifo. En este caso sí habrá una modificación sustancial.

Cambio de la jornada laboral

La jornada laboral se refiere a la duración del tiempo de trabajo (por ejemplo, número de horas diarias o semanales pactadas). Un cambio en la jornada afecta profundamente al contrato, por lo que generalmente se considera una modificación sustancial.

Por ejemplo, si una empresa decide reducir la jornada de un empleado de 30 a 20 horas semanales por necesidades organizativas, está variando un elemento esencial del contrato. Este tipo de cambios requieren el acuerdo del trabajador o seguir el procedimiento del artículo 41 del ET (modificación sustancial) con causa justificada.

Si el trabajador acepta voluntariamente la modificación de jornada se formalizará mediante un acuerdo escrito. Pero el empresario no puede imponerlo unilateralmente sin seguir el cauce legal previsto en el artículo 41 del ET.

También puede ocurrir lo contrario. Imagina que tu jefe te ve trabajando, le gustas y decide subirte de 25 a 40 horas. Aparentemente puede parecer algo positivo, sin embargo, también es un cambio dentro de la jornada y, por supuesto, es una modificación sustancial. No a todo el mundo le hace gracia que le suban las horas semanales del contrato. Sobre todo si existen cargas familiares.

Antes de terminar este apartado es también importante poner de manifiesto la prohibición prevista en el artículo 12.4.e del Estatuto de los Trabajadores, que textualmente prevé: «La conversión de un trabajo a tiempo completo en un trabajo a tiempo parcial y viceversa tendrá siempre carácter voluntario para el trabajador y no se podrá imponer de forma unilateral ni como consecuencia de una modificación sustancial de condiciones de trabajo».

Es decir, el paso de jornada completa a parcial (o al revés) solo puede hacerse mediante acuerdo expreso del trabajador, nunca por decisión unilateral del empresario. Esta previsión legal cierra expresamente la posibilidad de aplicar el artículo 41 del ET. Pero claro, si te niegas a pasar de 40 a 20 horas tienes que ser consciente de una cosa. Lo más normal es que tu jefe te esté proponiendo esto porque el negocio no va como debería. Es decir, si existen causas económicas no puede reducirte las horas de contrato, pero sí despedirte. Por lo que tendrás que valorar si es mejor el remedio que la enfermedad.

Es importante advertir que si ya estás a tiempo parcial y te quieren bajar las horas del contrato, no hará falta tu consentimiento para reducir las horas.

Cambio de horario o régimen de turnos

El horario de trabajo se refiere a la distribución de la jornada en el tiempo: por ejemplo, el turno asignado (mañana, tarde, noche), las horas de entrada y salida, o el calendario semanal. El horario es una condición de trabajo muy próxima a la jornada, ya que en el mismo se precisa el tiempo exacto que cada día se ha de prestar el servicio, y es una condición muy sensible para el trabajador. Un cambio de horario —como pasar a turno nocturno, cambiar de turno fijo a turnos rotativos, o alterar significativamente la hora de entrada/salida— puede tener un impacto importante en la vida del trabajador, especialmente en su conciliación familiar.

Para calificar la modificación del horario —como la de cualquier otra condición del trabajo— de sustancial o accidental, hay que valorar las circunstancias concretas del caso.

No todo ajuste horario menor es sustancial. Cambios puntuales o de escasa entidad, si no alteran de forma significativa las condiciones habituales, entrarían dentro del poder de organización ordinario de la empresa. En este sentido hacemos la siguiente reflexión. En un determinado caso, el Tribunal Supremo no consideró sustancial el retraso de media hora en el horario de entrada y salida; en la sentencia especificó que esa media hora no tenía impacto en el derecho a conciliar la vida laboral y familiar. Sin embargo, una sentencia del Tribunal Superior de Justicia de Canarias determinó que una variación del horario de 13 minutos en la salida y en la entrada afectaba la posibilidad de conciliar vida laboral y familiar del demandante, por lo que se consideraba una modificación sustancial que era nula por falta de acuerdo.

Por tanto, la modificación sustancial no depende del tiempo que varíe tu jornada. Puedes salir un cuarto de hora más tarde y que para la justicia esa modificación tenga mucha importancia, o salir media hora más tarde y la justicia te diga que no puedes hacer nada para cambiarlo. Esto lleva de cabeza a muchos abogados y a mí en concreto cuando tengo consultas con mis clientes. Es posible que si has venido a mis consultas te haya contado algo diferente a lo que estás leyendo, puesto que estas sentencias son habituales y hay que estar al día.

Cambio de salario o sistema retributivo

El salario es una condición esencial del contrato, por lo que cualquier modificación a la baja en la retribución se considera una cuestión delicada.

Aumentar el salario del trabajador no suele plantear conflicto (al ser beneficioso, generalmente basta con documentarlo en una comunicación o anexo contractual). Pero disminuir el salario base, eliminar complementos retributivos o cambiar el sistema de pago (por ejemplo, reducir comisiones, quitar bonus, etc.) constituye una modificación sustancial que debe atenerse al artículo 41 del ET. La ley prohíbe que, siquiera con causa, el empresario sitúe al trabajador por debajo de los mínimos salariales fijados por el convenio colectivo o por la normativa (como el SMI). Fuera de esa zona infranqueable, si la empresa atraviesa razones económicas u organizativas que justifican un ajuste salarial, puede plantearlo, pero siguiendo el cauce legal.

El trabajador no está obligado a aceptar una rebaja salarial impuesta unilateralmente. Si la modificación salarial es sustancial y le perjudica, tiene derecho a impugnarla ante el juzgado para que se examine la causa y proporcionalidad, como después vamos a explicar con detalle.

Cambio del lugar de trabajo (movilidad geográfica)

El lugar de trabajo pactado (ciudad o centro específico) también puede cambiar. Esto suele ser doloroso para muchos trabajadores que tienen su vida hecha en un sitio. Aquí distinguimos entre desplazamientos ordinarios dentro del poder de dirección y los traslados geográficos sustanciales regulados por el artículo 40 del ET. Si la empresa destina al empleado a otro centro de trabajo sin exigirle cambio de residencia, suele considerarse un cambio ordinario, es decir, por así decirlo, no es una modificación sustancial si te puedes seguir quedando en tu casa.

Por ejemplo, reubicar a un trabajador en otra oficina dentro de la misma ciudad o a una distancia razonable, siempre que pueda volver a casa y dormir allí, no es reclamable por parte del empleado. No obstante, debe atenderse a la proporcionalidad: un traslado dentro de la provincia, pero con una distancia muy grande (80 km diarios) podría ser impugnado si supone un perjuicio excesivo, aunque la jurisprudencia ha señalado que en torno a 50-60 km sin mudanza puede ser tolerable como cambio no sustancial. Como veis, los juzgados vuelven a interpretar de forma cambiante las modificaciones. Cada caso es un mundo y depende de lo que fastidie al trabajador el traslado, la modificación será sustancial o no.

Incluso los cambios ordinarios de centro conviene notificarlos por escrito y con tiempo razonable, y si hay convenio colectivo, respetar las condiciones que este imponga (algunos convenios fijan límites de distancia o compensaciones por transporte).

Por otro lado, un traslado que obliga al trabajador a cambiar de residencia sí constituye una modificación sustancial de tipo geográfico. El artículo 40 del ET exige que, para enviar a un empleado a trabajar de forma permanente a otro municipio o localidad distante (fuera del radio que le permita ir y volver a diario), la empresa tenga causas económicas, técnicas, organizativas o productivas que lo justifiquen. Si no las tiene, luego te voy a contar cómo puedes volver a casa.

Otros cambios habituales

Además de los anteriores, existen otras modificaciones de condiciones que pueden surgir en la relación laboral. Por ejemplo, cambios en el sistema de trabajo o rendimiento (introducción de nuevas metodologías, métricas de productividad, objetivos comerciales más exigentes, etc.) o en ciertas mejoras voluntarias (como beneficios sociales, *tickets* de comida, teletrabajo, etc.).

Cuando estos cambios afectan de forma importante a las condiciones pactadas (por ejemplo, implantar un sistema estricto de medición de rendimiento que altera la forma de trabajar, o eliminar un beneficio consolidado) podrían considerarse también como modificaciones sustanciales. Sin embargo, si se trata de ajustes organizativos menores (por ejemplo, reordenar espacios de oficina), suelen considerarse criterios empresariales de organización interna y no una modificación sustancial *per se*, siempre que no menoscaben derechos adquiridos.

Y como hemos visto ya, el cambio de modalidad de presencial a teletrabajo (o viceversa) requiere de un acuerdo entre ambas partes, de otro modo, podría ser impugnable.

Procedimiento para la modificación sustancial de las condiciones laborales

Para entender este apartado, conviene empezar con una pregunta sencilla: ¿puede la empresa cambiar mis condiciones de trabajo cuando quiera?

La respuesta es sí, puede hacerlo, pero no de cualquier manera, ni por cualquier motivo. La ley le permite modificar cosas importantes, como ya hemos visto, pero siempre y cuando tenga una razón justificada y siga el procedimiento que marca el artículo 41 del Estatuto de los Trabajadores.

Este artículo establece que la dirección de la empresa puede acordar modificaciones sustanciales «cuando existan probadas razones económicas, técnicas, organizativas o de producción», lo que habitualmente se conoce como causas E-T-O-P:

- **Económicas:** cuando los números no salen, hay pérdidas o se prevén dificultades económicas.
- **Técnicas:** cuando se introducen nuevas máquinas, programas o herramientas que cambian la forma de trabajar.
- **Organizativas:** cuando la empresa se reestructura, cambia equipos, departamentos o el modo de organizar las tareas.
- **De producción:** cuando cambian los pedidos, la demanda o los ritmos de trabajo y hay que ajustar horarios o turnos.

Ahora bien, el hecho de que exista una causa no le da carta blanca al empresario. La ley insiste en que la medida debe ser proporcional, razonable y estar documentada. Es decir, no basta con que al jefe se le antoje cambiarte el horario, el centro o la forma de cobrar. No puede hacerlo por conveniencia personal o «porque le parece mejor así». Tiene que demostrar que hay una razón objetiva y acreditable, que el cambio es necesario y que se ha buscado una opción lo menos perjudicial posible para el trabajador.

En resumen, la empresa solo puede modificar tus condiciones si cumple tres requisitos fundamentales:

1. Existe una causa real que lo justifique.
2. Respeta los límites legales y del convenio colectivo.
3. Sigue el procedimiento establecido por la ley.

Si falta alguno de estos elementos el cambio puede ser contrario a derecho y, por tanto, impugnable ante los tribunales.

El procedimiento a seguir dependerá de a cuántas personas afecte el cambio. El Estatuto de los Trabajadores distingue entre modificación individual y modificación colectiva, y la diferencia no es trivial, porque el procedimiento es completamente distinto.

- Si la modificación es colectiva (cuando la medida afecta a muchos trabajadores), la empresa no puede imponerla directamente, debe abrir un periodo de consultas con los representantes de los trabajadores (comité o delegados de personal). Ese periodo dura como máximo 15 días y sirve para negociar de buena fe, lo que implica:

  o Explicar claramente qué cambios se proponen y por qué.

  o Entregar la documentación que justifique la causa (balances, informes, organigramas, etc.).

  o Escuchar propuestas o alternativas que sean menos dañinas: por ejemplo, ajustes de horarios, recolocaciones, teletrabajo parcial, compensaciones o formación.

  El objetivo de esta negociación es buscar un equilibrio entre las necesidades de la empresa y los derechos de los trabajadores. Si hay acuerdo, la medida se aplica según lo pactado; si no hay acuerdo, la empresa puede aplicarla igualmente, pero los trabajadores podrán impugnarla judicialmente.

- Si la modificación es individual (cuando el cambio afecta a una sola persona o a un número reducido de trabajadores), la empresa no necesita abrir negociaciones colectivas, pero sí debe avisar por escrito con 15 días de antelación. Esa comunicación debe ser clara y detallada:

o Qué condiciones cambian.

o Desde qué fecha se aplicará.

o Cuál es la causa concreta que lo justifica (económica, técnica, organizativa o de producción).

o Y si existen medidas para mitigar el perjuicio (por ejemplo, un plus de transporte o un ajuste horario).

Además, la empresa debe informar también a los representantes de los trabajadores, aunque la medida solo afecte a una persona.

Finalmente, el artículo 41 hace depender el procedimiento del número de trabajadores afectados dentro de un periodo de 90 días. No se trata de cuántos se cambian hoy, sino de cuántos se cambian en total en tres meses. Será colectiva cuando afecte, en ese plazo de 90 días, al menos a:

• 10 trabajadores, si la empresa tiene menos de 100 empleados.

• El 10 por ciento de la plantilla, si la empresa tiene entre 100 y 300 trabajadores.

• 30 trabajadores o más, si la empresa tiene 300 o más empleados.

Si no se alcanzan esos números, la modificación se considera individual.

En definitiva, la empresa puede cambiar condiciones importantes, pero solo si hay una causa seria, se hace con proporcionalidad y se siguen las reglas del juego. No todo vale: los cambios deben hacerse con transparencia, con papeles y respetando los plazos y derechos del trabajador. Y si algo falla (si no hay causa, no se respeta el procedimiento o el cambio resulta abusivo), el empleado puede impugnarlo en un plazo de 20 días hábiles para que un juez valore su validez. Ahora te lo voy a explicar. Porque en el trabajo, como en la vida, no se trata de negarse a los cambios, sino de exigir que se hagan con justicia, no por capricho.

¿Y si no se cumple la ley?

Supongamos que la empresa anuncia uno de esos cambios que hemos analizado en el apartado anterior, por ser los más comunes, o cualquier otro. Tras el *shock* inicial, lo primero que debemos averiguar es si entrañan una modificación sustancial de las condiciones laborales (artículo 41 del ET) o si, por el contrario, entran dentro de los derechos de organización del empleador. Dependiendo de si nos encontramos ante una u otra, la solución a adoptar por el trabajador será diferente, aunque a veces es muy difícil distinguir la fina línea roja existente entre las mismas.

El poder de dirección empresarial (arts. 20 y 39 del ET) permite al empleador organizar el trabajo y adaptar las tareas a las necesidades productivas, siempre dentro de los límites del contrato y del respeto a la dignidad del trabajador. El artículo 41 del ET, sin embargo, regula la modificación sustancial de las condiciones de trabajo aplicable cuando el cambio altera de forma significativa las condiciones pactadas o consolidadas del trabajador.

La jurisprudencia ha establecido que la frontera depende del grado de alteración del contenido esencial del contrato y del perjuicio real que cause al empleado. Así, se reconoce en la jurisprudencia que no toda variación en las condiciones laborales constituye una modificación sustancial, solo aquellas que alteran y transforman de modo relevante los aspectos fundamentales de la relación, rompiendo el equilibrio contractual inicialmente pactado. En cambio, cuando el cambio no afecta a elementos esenciales del contrato (categoría profesional, salario, jornada o turno en sentido amplio) ni supone perjuicio real, se considera como algo legítimo, que tu jefe puede hacer y que vas a tener que aceptar.

Esta idea diferenciadora que parece sencilla no lo es tanto, como ya hemos tenido oportunidad de analizar, pero si consideramos que nos encontramos ante una modificación sustancial de las condiciones laborales del contrato laboral, la pregunta siguiente sería la que titula este apartado del capítulo: ¿y si no se cumple la ley?

Una posibilidad es aceptar y tirar para adelante, admitiendo las nuevas condiciones contractuales, pero cuando esta solución no es viable o simplemente el trabajador no la quiere, tendremos que explorar soluciones posibles como veremos a continuación. Igual a ti no te importa que te cambien al turno de tarde, pero a otra persona le puede partir por la mitad la planificación familiar que tiene en casa.

La primera idea que debe presidir en esta materia es que ese cambio no es algo que debas aceptar a ciegas. Así que, tranquilo, puedes volver a las condiciones anteriores. Si hay acuerdo, se vuelve por voluntad, a veces basta con hablar. Si explicas a la empresa que el cambio te afecta (por ejemplo, que no tienes cómo desplazarte, que te obliga a dejar al niño solo más tiempo o que aumentan tus gastos), la empresa puede rectificar.

Quizá te devuelvan al centro anterior, te den una ayuda para el transporte o ajusten el horario. En ese caso, no hace falta juicio ni demandas, la situación vuelve a la normalidad porque ambas partes han querido arreglarlo. Es el camino del diálogo. Y aunque no siempre funciona, es el primero que conviene intentar.

Pero si la empresa se niega, el segundo camino es pedirle al juez que revise el cambio a través de un procedimiento de modificación sustancial de las condiciones laborales. En este caso la ley dice que tienes 20 días hábiles desde que el cambio empieza a aplicarse para presentar tu demanda. El juez examinará si la empresa tenía una causa real para hacer ese cambio y si lo hizo de manera proporcionada, o si, por el contrario, te ha perjudicado sin razón suficiente.

Si el juez ve que la empresa se ha extralimitado en su decisión (porque no justificó el cambio, porque te perjudica demasiado o porque ni siquiera te lo comunicó correctamente), dictará sentencia y ordenará a la empresa que vuelvas a tu centro, a tu horario o a tus condiciones previas, con todos los efectos legales y económicos correspondientes.

Incluso, si el juez detecta que el cambio vulneró tus derechos fundamentales (por ejemplo, si fue una represalia, una discriminación o una humillación), la empresa tendrá que indemnizarte además por los daños morales sufridos.

No obstante lo anterior, existe una vía adicional que puede utilizarse cuando la modificación sustancial impuesta por la empresa perjudica realmente al trabajador. Es la opción del artículo 41.3 del Estatuto de los Trabajadores, que no es una dimisión normal, sino una salida protegida por la ley: el contrato puede extinguirse por decisión del trabajador, con derecho a una indemnización de 20 días por año trabajado, hasta un máximo de nueve mensualidades, además del finiquito y del derecho a paro si se cumplen los requisitos de cotización.

La naturaleza de esta opción es clara, es una facultad personal del trabajador frente a una modificación sustancial que, aun pudiendo estar formalmente justificada por la empresa, le ocasiona un perjuicio relevante en términos económicos (merma retributiva directa o indirecta, pérdida de variables o pluses) o temporales/organizativos (incremento sustancial de tiempos de desplazamiento, alteración de la jornada o de la conciliación por nuevos turnos o disponibilidades, afectación a situaciones especialmente protegidas como embarazo, lactancia, discapacidad o guarda legal). Lo decisivo es su impacto real en la esfera del trabajador, que debe acreditarse mediante una comparativa «antes/después».

Desde el punto de vista práctico, el ejercicio de esta opción exige comunicación escrita a la empresa en la que se identifique la modificación sustancial llevada a cabo, se describa el perjuicio y se haga constar expresamente que se opta por la extinción al amparo del artículo 41.3 del ET, fijando fecha de efectos y reclamando la indemnización correspondiente, el finiquito y la documentación para el SEPE. Si la empresa no atiende o discute el derecho o la cuantía, hay que demandar para que el juzgado declare la extinción indemnizada y condene al pago.

A diferencia de la impugnación de la modificación —que tiene un plazo corto de 20 días hábiles y busca volver a las condiciones anteriores—, la opción del artículo 41.3 del ET no tiene ese límite de tiempo, aunque debe ejercerse sin esperar demasiado, mientras la modificación siga aplicándose y cause perjuicio. En todo caso, dentro de los plazos generales de prescripción, es decir, en el plazo máximo de un año. Son caminos distintos: el trabajador puede intentar primero impugnar y, si no consigue volver a su situación anterior o prefiere no seguir en líos judiciales, elegir después la extinción; o bien acudir directamente a esta salida si continuar en la empresa resulta imposible.

En definitiva, cuando el cambio impuesto daña de verdad al trabajador y no hay solución razonable dentro de la empresa, el artículo 41.3 del ET ofrece una «alfombra roja de salida»: no es abandonar el trabajo, sino poner fin a la relación con derechos, cobrando indemnización, finiquito y con acceso al desempleo, manteniendo la dignidad y la seguridad jurídica de la decisión.

7

LO PEOR QUE TE PUEDE OCURRIR: EL ACOSO LABORAL

El acoso laboral, *mobbing*, acoso psicológico o moral, es algo que ha existido siempre. Estoy seguro que hace cincuenta años las situaciones que hoy recibo en el despacho serían más crueles que en la actualidad. Sin embargo, el derecho español no ha empezado a cuidar y proteger a los acosados hasta hace muy poquito, cuando hemos empezado a escuchar frases como «me están acosando en mi trabajo» o «me están haciendo *mobbing*». Mucha gente lo está pasando mal en su oficina, pero, por falta de la divulgación necesaria sobre este tema no sabe realmente qué significan estos términos. Vamos a echarle un vistazo:

Mobbing es un término que proviene del comportamiento animal; *to mob*, en inglés, significa que un grupo de animales acorrala y ataca a otro. Inicialmente fue un concepto utilizado en psicología para posteriormente aplicarlo al mundo laboral, e ilustra vívidamente la sensación de la víctima de sentirse «acorralada» por ataques constantes de uno o varios acosadores. Es a finales del siglo pasado cuando el psicólogo sueco Heinz

Leymann toma el término y lo aplica al mundo laboral: *mobbing* = psicoterror sistemático en el trabajo, lo que define catálogos de conductas (críticas continuas, aislamiento, humillación, sobrecarga o vaciado intencional de tareas…) en las que se repite siempre el siguiente patrón:

- Reiteración y duración (no es un mal gesto aislado).
- Finalidad expulsiva (desgastar hasta que la víctima se vaya).

El caso Coria: la primera sentencia en España en materia de acoso

No fue hasta el año 2001 cuando en España se reconoció por primera vez en una sentencia este fenómeno jurídico, y precisamente no fue en un asunto laboral, sino en el orden contencioso-administrativo por referirse el problema a un funcionario público. La sentencia a la que nos referimos es de fecha 23 de julio de 2001 (Sala 3.ª, Contencioso-Administrativo del Tribunal Supremo), denominada como el «caso Coria».

Por tanto, podemos afirmar que, aunque situaciones de acoso moral existían *de facto* desde mucho antes en nuestro país, no fue hasta ese año cuando se reconoció y sancionó por primera vez un caso así. La sentencia distinguía los siguientes actos hostiles como protagonistas de esta nueva realidad jurídica:

- **Aislamiento y privación de funciones para su humillación profesional.** A Fermín, que llevaba años al frente del servicio municipal de aguas, repentinamente lo «castigaron» destinándolo a un sótano sin luz natural ni ventilación, donde se pasaba la jornada sin que le asignaran trabajo alguno. Es decir, lo aislaron y privaron de funciones para humillarlo profesionalmente.

- **Acusaciones falsas materializadas a través de sanciones espurias.** Tras un incidente técnico en el servicio de aguas, el Ayuntamiento le abrió expedientes disciplinarios infundados, e incluso un concejal lo acusó (sin pruebas) de haber provocado un sabotaje. Esos expedientes acabaron anulados por los tribunales, pero mientras tanto sirvieron para desacreditarlo y tenerlo suspendido de empleo y sueldo durante meses.
- **Daño psicológico.** Durante ese periodo, Fermín cayó en una fuerte depresión debido al maltrato psicológico sufrido (aislamiento, acusaciones falsas, degradación de sus condiciones). Para colmo, sus jefes le negaban la baja por enfermedad, ignorando los certificados médicos que acreditaban su estado.

La referida sentencia del Tribunal Supremo de 2001 confirmó que todo ese «increíble calvario» (como lo califica el propio fallo) vulneró los derechos fundamentales del actor. Este tribunal declaró que aquellas actuaciones «constituyen una forma de acoso moral sistemáticamente dirigido contra el funcionario, carente de toda justificación». Por primera vez en España, se reconoció explícitamente la existencia de acoso laboral y se indemnizó a la víctima por el daño sufrido. En concreto, se obligó al Ayuntamiento a pagarle 750.000 pesetas (unos 4.500 euros) como resarcimiento.

Esta es la primera sentencia en nuestro país que deja claro que tales prácticas «vulneran la integridad física y moral» del trabajador protegido por la Constitución, marcando, por tanto, un antes y un después en la materia. A partir de entonces comenzó el recorrido jurisprudencial que ha llegado hasta nuestros días; no fue hasta los años 2006-2008 cuando se fue consolidando el concepto de acoso laboral en la jurisdicción social, Sala 4.ª (Social) del Supremo, que junto a otros tribunales superiores de justicia fueron afinando los criterios configuradores del concepto que nos ocupa.

A la par se han impulsado normas internacionales como la ratificación del Convenio 190 de la Organización Internacional del Trabajo (OIT) sobre acoso y violencia en el trabajo. A pesar de lo anterior, actualmente la legislación laboral española aún no cuenta con una definición legal del acoso moral o psicológico en el entorno laboral, aunque sí prohíbe estas conductas de forma general, y en algunas leyes se hacen referencia a definiciones parciales en clave antidiscriminatoria y de acoso sexual. Ahora bien, esta laguna de definición no implica impunidad, ya que los jueces han ido rellenando ese vacío en sus sentencias, aunque sería deseable, en atención al principio de seguridad jurídica, que se contará con una definición legal del concepto que nos ocupa.

Qué es y qué no es acoso laboral

Antes de empezar a hablar de este tema desde una perspectiva solamente jurídica, pero a la vez práctica, me gustaría hacer una reflexión. Si estás leyendo esto y estás sufriendo acoso, asesórate tanto médicamente como jurídicamente. El acoso no es ninguna tontería, puede llevar al ser humano a situaciones muy duras. Existen mecanismos psicológicos y jurídicos que te pueden ayudar a superar esa etapa. Todo pasa. Pide ayuda y no dejes que tu cuerpo y tu mente aguanten actitudes hasta llegar al límite.

Podemos afirmar de una manera coloquial que el acoso laboral consiste en hacer la vida imposible a un trabajador mediante comportamientos que buscan minar su autoestima, dignidad o desempeño profesional.

Diversos expertos han descrito el *mobbing* como una situación en la que una persona o un grupo ejerce violencia psicológica extrema, de forma sistemática y durante un tiempo prolongado, sobre otra persona en el lugar de trabajo. Se puede distinguir entre situaciones de acoso (comportamientos reiterados que buscan degradar o humillar a un trabajador) y de violencia, que engloba actos físicos o amenazas que ponen en peligro la integridad.

La finalidad de estos comportamientos suele ser buscar la desestabilización y aislamiento de la víctima con un fin que no es el corregir ni sancionar ni mejorar la productividad, sino algo mucho más dañino: su aniquilación psicológica y profesional para expulsarla del lugar del trabajo, que suele ser el objetivo último del *mobbing*. Lo importante es que no se trata de un hecho aislado o un simple conflicto puntual, sino de una conducta continuada en el tiempo.

A diferencia de otras formas de acoso (como el sexual o el discriminatorio por razón de género, raza, etc.), el *mobbing* no obedece necesariamente a la pertenencia de la víctima a un grupo protegido, sino que puede surgir por envidias, rivalidades laborales, abusos de poder o incluso inseguridades por parte del agresor o agresores.

Hay personas que tienen un miedo extremo a perder su puesto de trabajo. En el despacho he visto constantemente a trabajadores transformar ese miedo en una fijación por alguien para destruirlo. Estas personas con miedos extremos llegan a creerse que algún compañero es un rival por el puesto y que tienen que eliminarlo de la ecuación.

Quiero que te queden claras las características clave que deben darse para que podamos hablar de acoso laboral:

- **Comportamiento reiterado y sistemático:** no es un incidente único, sino una sucesión de actos hostiles o humillantes mantenidos en el tiempo. Por ejemplo, la víctima puede sufrir pequeñas agresiones verbales, desprecios o sabotajes semana tras semana, creando un patrón de persecución. No basta un insulto o una palabra mal sonante aislada.

- **Intención de causar perjuicio sin justificación:** el acosador actúa deliberadamente para dañar, vejar o apartar al trabajador, sin un motivo legítimo relacionado con el desempeño laboral.
- **Efectos psicológicos y en la salud:** la víctima suele experimentar estrés, ansiedad, pérdida de autoestima, trastornos psicosomáticos (como insomnio, problemas digestivos) e incluso depresiones graves. Sin embargo, aun siendo un fuerte indicio, no es un requisito imprescindible para determinar que hay acoso.
- **Entorno laboral degradado:** el clima de trabajo de la víctima se vuelve tóxico e insostenible, afectando también a su rendimiento. Frecuentemente el objetivo último es «hacerle el vacío» (aislarla) y lograr que esa persona acabe abandonando la empresa por desesperación. En casos extremos, el trabajador acorralado termina solicitando la baja médica o renunciando para escapar de la situación.

Otro aspecto importante en esta materia es deslindar el acoso laboral de figuras que no lo son, por mucho que se erijan también en incumplimientos empresariales.

Conductas que no constituyen acoso laboral

El siguiente listado de actuaciones empresariales no pueden ser considerados como acoso laboral:

- **Conflictos puntuales o discusiones aisladas.** Un mal gesto o una bronca esporádica no bastan si no hay patrón repetido.

- **Sobrecarga laboral.** Presión por plazos, control de calidad o correcciones de trabajo, si son razonables, objetivas e iguales para todos, no constituyen acoso. Es más, aunque la sobrecarga laboral no fuera legítima, por si sola, sin concurrir elementos adicionales, tampoco sería acoso, aunque sí un incumplimiento grave y culpable empresarial. Es decir, puedes reclamar que estéis demasiado sobrecargados en vuestra oficina, pero no a través de un protocolo de acoso.
- **Sanciones o amonestaciones justificadas o incluso injustificadas sin requisitos adicionales.** Si te sancionan y no estás de acuerdo, reclama esa sanción. Pero no necesariamente estamos ante un acoso laboral. Si esas sanciones están precedidas de todo lo que hemos tratado antes sobre las características clave de acoso, sí se podrá enmarcar como tal.
- **Cambios organizativos.** Movilidad funcional (artículo 39 del ET), cambios sustanciales (artículo 41 del ET) o reubicaciones por razones productivas no son acoso si se motivan, se informan y se compensan conforme a ley/convenio, o incluso si se hacen de manera arbitraria, pero sin la intención de eliminar al trabajador de la empresa. Lógicamente, en este último supuesto también asistimos a un comportamiento empresarial ilegítimo que debe ser reclamado si no estás conforme.
- **Vigilancia y control legal del empresario.** Supervisión, geolocalización o métricas (artículo 20.3 del ET) con información previa, proporcionalidad y finalidad productiva no son acoso.
- **Trato desigual sin hostigamiento sistemático.** Puede ser ilegal (discriminación o vulneración de igualdad), pero si no hay persecución continuada tampoco es acoso moral.

- **Rudeza o mala educación ocasional.** Reprobable, pero sin repetición ni plan de hostigamiento no alcanza el umbral.

Además de las acciones descritas, existen figuras que se parecen, pero que tampoco son acoso laboral y que deben ser diferenciadas.

Figuras próximas al acoso, pero diferentes

El acoso laboral no puede ser objeto de una interpretación amplia. Es cierto que a menudo existe una delgada línea de separación entre esta y otras situaciones de conflicto entre el empresario y los trabajadores, pero no pueden confundirse. Aunque las decisiones empresariales sean declaradas como no ajustadas a derecho, no tienen por qué erigirse, por sí solas, como un maltrato psicológico. Por lo tanto, conviene diferenciar muy bien este tipo de situaciones para que no confundas las cosas. Ojo, no estamos diciendo que no debas reclamar, sino que es muchísimo más efectivo saber cómo reclamarlo, que reclamarlo como acoso y encima que no te den la razón, aunque lo que esté haciendo la empresa siga siendo ilegal.

Veamos algunos de estos casos.

Liderazgo autoritario: abuso de poder

Todo *mobbing* implica abuso de poder, pero no todo abuso alcanza la intensidad, reiteración y finalidad que exige el acoso. Un jefe «duro» puede desembocar en actuaciones que engendren un abuso si actúa sin justificación real, de forma arbitraria o desproporcionada y lesiona la dignidad o la salud, pero si falta el patrón sistemático de hostigamiento con finalidad o efecto de degradarte (aislar, humillar, expulsar) solo nos encontraremos ante un supuesto de jefe que no sabe llevar un grupo. Ojo, te puede afectar de la misma manera o más, y es igual de grave, es más, se puede denunciar esta conducta, pero no es acoso.

Aquí tienes algunas situaciones que suponen un abuso ilícito, pero que no son acoso:

- Órdenes caprichosas o contradictorias, sin base organizativa.
- Cargas desproporcionadas que afectan a tu salud (estrés, ansiedad).
- Correcciones públicas humillantes o trato despectivo reiterado.
- Cambios de turno/centro sin causa y con impacto serio en tu vida.

Discriminación sin patrón de hostigamiento (por ejemplo, por sexo, edad u origen)

Podemos afirmar que estamos en este supuesto cuando la empresa toma una decisión injusta contra ti por un motivo prohibido (sexo, embarazo, edad, origen, discapacidad, orientación sexual, religión, etc.), aunque no haya ataques repetidos ni un «cerco» diario. Por ejemplo, no te renuevan el contrato porque te has quedado embarazada, o te extinguen el contrato durante el periodo de prueba porque comunicas que próximamente vas a ser padre y vas a ejercitar la solicitud del permiso de paternidad. Esto es gravísimo, lleva aparejada una indemnización importante e incluso la empresa deberá volver a contratarte, pero no es acoso laboral, es discriminación. Igual de grave, repito, pero tiene otro nombre. Si inicias un procedimiento de acoso laboral por esto, no va a servir para solucionar el problema.

Burnout (estrés/agotamiento)

Es el desgaste por estrés laboral crónico (exceso de carga, falta de recursos, turnos interminables), sin embargo, no exige que alguien te persiga o humille, como en el caso del *mobbing*.

Si la empresa, pese a saberlo, mantiene una sobrecarga que daña tu salud y no pone remedio, también se erigirá en un incumplimiento grave y culpable del empleador. Las claves para poder determinar que asistimos ante este supuesto son:

- Sobrecarga sostenida y objetiva: turnos imposibles, falta de personal, objetivos inalcanzables… No algo puntual.
- Daño a la salud acreditado: informes médicos/psicológicos, bajas por ansiedad/estrés, seguimiento clínico.
- Nexo claro: que ese daño venga de la organización del trabajo.
- Incumplimiento empresarial: la empresa no evalúa los riesgos psicosociales o no adopta medidas (reparto de cargas, refuerzos, cambios de turnos) tras tus avisos.

Boreout o «infralaboración» no intencional

Podemos definirlo como «quemarse por aburrimiento»: te dejan sin tareas o con tareas muy por debajo de tu cualificación durante mucho tiempo. El *boreout* es quedarse crónicamente infrautilizado por mala organización; no es acoso, pero sí puede ser ilegal si daña tu salud y la empresa no lo corrige.

En esos casos no hay plan para fastidiarte, sino que suele ser la consecuencia de una mala organización. La empresa no lo hace con mala idea, simplemente es un desastre de empresa, destacando las siguientes características:

- Días enteros sin trabajo real o tareas rutinarias mínimas.
- Sensación de inutilidad y desgaste (desmotivación, ansiedad, problemas de sueño).
- Pérdida de habilidades por no usarlas.

La empresa debe organizar el trabajo y proteger tu salud (también la mental). La «infralaboración» crónica es un riesgo psicosocial: puede dañar tu salud igual que la sobrecarga.

Conflicto interpersonal recíproco

Dentro de este apartado podemos situar los piques, discusiones o faltas de respeto mutuas entre personas del mismo nivel (o incluso con un superior), sin un plan de hostigamiento.

¿Por qué puede ser problema de la empresa aunque sea entre dos empleados? Muy sencillo, porque la empresa debe proteger tu dignidad y salud, y gestionar los riesgos psicosociales, según la Ley de Prevención de Riesgos Laborales (LPRL). Si mira hacia otro lado y no evalúa, media ni corrige, hay incumplimiento empresarial.

El conflicto recíproco no es *mobbing*, pero si la empresa no lo gestiona y eso daña tu salud o dignidad, puedes exigir medidas, indemnización y, si es grave y persistente, extinción del contrato indemnizada.

Represalias por denuncia (victimización)

En estos supuestos la empresa castiga al trabajador por ejercer un derecho fundamental, el de tutela judicial efectiva; es decir, toma una represalia ante el ejercicio legítimo de reclamación del empleado: activar el protocolo de acoso, denunciar ante la inspección, hablar con el comité, reclamar salarios o poner una demanda.

A esto, la jurisprudencia lo llama «garantía de indemnidad»: nadie puede sancionarte, trasladarte o despedirte por usar los cauces legales para defenderte. Aunque finalmente la justicia no te otorgue la razón, sería una vulneración del artículo 24 de la Constitución.

Violencia puntual (un episodio grave, único)

Un hecho aislado, pero muy grave, como pudiera ser una agresión física, una amenaza seria, un insulto extremo con humillación pública, etc., aunque ocurra una vez (o en un lapso muy breve), puede lesionar tu dignidad o tu salud, en cuyo caso también se erigiría en un incumplimiento grave y culpable de la empresa, sin poder ser calificado como un acto de hostigamiento y, por ende, de *mobbing*.

Aunque esta relación de actuaciones empresariales ilícitas no se erijan en supuestos de *mobbing*, sí deben ser consideradas como conductas ilegítimas que deben ser completamente erradicadas en el trabajo, pudiendo y debiendo ser exigido su cese inmediato, porque todas ellas pueden desembocar en un riesgo psicosocial, lo que debe ser contemplado por la empresa tal y como prevé la Ley de Prevención de Riesgos Laborales.

Las formas y manifestaciones del acoso laboral

Una vez explicado lo que es el acoso laboral y lo que no puede ser considerado como tal, creo que lo mejor es exponerte situaciones concretas que tal vez estés viviendo tú o un compañero de trabajo. Veamos las formas de acoso con ejemplos prácticos:

- **Aislamiento social/bloqueo de comunicaciones**
  - o No te saludan, te ignoran deliberadamente en pasillos o reuniones.
  - o Te excluyen de reuniones clave o te convocan tarde para que llegues sin contexto.
  - o Te dejan fuera de correos o canales internos donde se decide lo importante.
  - o Crean grupos paralelos (WhatsApp/Teams) de los que te excluyen.
  - o Interrumpen o pisan tu turno de palabra de forma sistemática.
  - o Te sientan aparte o te cambian de puesto para aislarte físicamente.
  - o Te ordenan no hablar con determinados compañeros o jefes.
  - o Te silencian en herramientas digitales (*mute*, retirar permisos de postear).
  - o No responden a tus mensajes o retrasan respuestas adrede.
  - o Evitan invitarte a comidas/equipos/eventos sociales corporativos.

- **Asignación de tareas degradantes/privación de recursos**
  - o Te retiran responsabilidades relevantes sin causa objetiva.
  - o Te relegan a funciones triviales (fotocopias, recados) ajenas a tu categoría.
  - o Te asignan tareas muy por debajo de tu cualificación para humillarte.

o Te imponen trabajos inútiles o sin impacto (hacer y rehacer informes que nadie usa).

o Te cargan tareas imposibles (plazos irrealizables, objetivos inalcanzables) para forzar el fracaso.

o Te niegan herramientas básicas (ordenador, *software*, licencias, llaves, EPIs).

o Te retienen información esencial para ejecutar tu trabajo.

o No te facilitan sustituciones o apoyo cuando la carga lo exige.

o Te quitan interlocutores (no puedes hablar con proveedores/usuarios necesarios).

o Te asignan turnos incompatibles con tus tareas (por ejemplo, sin acceso a sistemas).

o Te bloquean aprobaciones y firmas para que no puedas cerrar tu trabajo.

- **Desprestigio profesional y sabotaje del trabajo**
  o Críticas injustas y desacreditación pública (reuniones, chats abiertos).

  o Atribuirte errores de otros o hacerte responsable de fallos ajenos.

  o Revisiones hipercríticas con estándares que no aplican al resto.

  o Cambiar los criterios de evaluación después de que realices una tarea.

  o Rehacer tu trabajo sin avisar y luego decir que «no era válido».

  o Ocultar cambios de alcance para que entregues mal.

  o Eliminar tu autoría en trabajos o atribuirse tus logros.

  o Romper/alterar tu material (archivos «perdidos», documentos borrados).

  o Boicot a tus presentaciones (fallos técnicos «casuales», te quitan el proyector…).

- **Humillación, trato vejatorio y hostilidad verbal**
  o Insultos, gritos, burlas reiteradas; imitaciones despectivas.
  o Comentarios hirientes sobre tu capacidad, acento, apariencia, edad.
  o Ridiculizar tus ideas o logros («esto lo hace cualquiera»).
  o Chistes a tu costa en público; mote ofensivo dentro del equipo.
  o Amenazas veladas («ya verás las consecuencias»).
  o Lenguaje descalificador en *emails* o chats (*caplocks*, signos de exclamación agresivos).
  o Reprimendas teatrales delante de terceros.

- **«Infralaboración» forzada (*boreout*)**
  o Mantenerte sin tareas o con carga mínima para que «te aburras».
  o Encargarte tareas irrelevantes que nadie necesita.
  o No darte *feedback* nunca; dejarte «en barbecho» indefinidamente.
  o Quitar visibilidad a tus resultados para que parezca que no aportas.
  o Excluirte de proyectos que encajan con tu perfil.

- **Sobrecarga punitiva (*work overload*)**
  o Asignarte cargas de trabajo superiores a las del resto (conscientemente).
  o Imponer plazos inasumibles de forma repetida.
  o Cambios urgentes de última hora de manera sistemática.
  o Encadenar noches/fines de semana sin necesidad real.
  o Negarte recursos de apoyo pese a justificar su necesidad.

- **Control y vigilancia excesivos**
  - o Vigilancia extrema solo contigo (reportes horarios, *check-in* constantes).
  - o Supervisión intrusiva (geolocalización, pantallazos) sin base ni proporcionalidad.
  - o Registrar errores minúsculos en tu expediente.
  - o Solicitar explicaciones a cada minuto o por las pausas.

- **Exclusión de desarrollo profesional**
  - o Negarte formación obligatoria o clave para tu puesto.
  - o Bloquear certificaciones o asistencia a congresos.
  - o Cerrarte itinerarios de carrera o rotaciones.
  - o No proponerte para ascensos pese a cumplir requisitos.
  - o No informarte de vacantes internas.

- **Penalizaciones organizativas selectivas**
  - o Cambios de turno perjudiciales sin causa objetiva (no aplicados al resto).
  - o Guardias desproporcionadas o siempre en fechas sensibles.
  - o Traslados punitivos de centro o departamento.
  - o Vacaciones impuestas o denegadas caprichosamente.
  - o Turnos partidos o rotaciones que impiden conciliar.

- **Represalias y victimización**
  - o Tras una queja, empeora tu trato (retorsión).
  - o Bajar tu bonus o variable sin justificación real.
  - o Expedientes disciplinarios vacíos o desproporcionados.
  - o Amenazas de evaluación negativa si «sigues molestando».
  - o Aislamiento reforzado después de acudir a recursos humanos o prevención.

- **Ataques a la reputación y a las relaciones**
  o Rumores sobre tu vida personal o salud.
  o Poner en duda tu honestidad o lealtad sin base.
  o Advertir a otros que «no colaboren contigo».
  o Difamar ante clientes/proveedores («no es fiable»).
  o Cuestionar tus datos en público con sorna, aunque sean correctos.

- **Invasión de la privacidad (hostilidad encubierta)**
  o Revisar tu mesa/taquilla sin motivo.
  o Acceder a documentos o correos personales.
  o Divulgar datos médicos o personales.
  o Mirar con lupa tus horarios y pausas, a diferencia de tus compañeros.
  o Fotografiar tu pantalla/puesto para «dejar constancia».

- **Discriminación velada (sin llegar a acoso discriminatorio tipificado)**
  o Pedirte tareas físicas que saben que no puedes hacer por tu estado.
  o Burla por embarazo, edad, acento, origen (si hay patrón y motivo protegido, sería acoso discriminatorio).
  o Poner obstáculos a medidas de conciliación que el resto disfruta.

- **Manipulación de objetivos y evaluaciones**
  o Objetivos móviles (cambian tras cumplirlos).
  o Indicadores clave de desempeño (KPI) exclusivos para ti, más duros que los del equipo.
  o Evaluaciones negativas sin evidencias ni criterios transparentes.
  o Omitir logros o sobredimensionar fallos en informes.

- **Obstaculización del trabajo cotidiano**
  - o Cortes de acceso a sistemas en momentos clave (sin causa técnica real).
  - o No firmar pedidos/gastos imprescindibles.
  - o Denegar permisos de uso de herramientas sin explicación.
  - o Duplicar instrucciones contradictorias para que falles.

- **Exposición y escarnio público**
  - o Tablones o *dashboards* donde se te destaca como «el peor».
  - o Lectura en voz alta de errores tuyos.
  - o Comparativas humillantes con compañeros.
  - o Bromas internas institucionalizadas sobre tu persona.

- **Trato físico o ambiental hostil**
  - o Ubicaciones indignas (almacén, zonas sin luz o ventilación) sin necesidad.
  - o Privarte de silla ergonómica o EPI que sí tienen otros.
  - o Ruido o temperatura intencionalmente incómodos en tu puesto.

- **Prohibiciones y restricciones selectivas**
  - o Prohibirte teletrabajar cuando al resto se le permite.
  - o Restringir pausas, comedor o taquillas solo en tu caso.
  - o Impedir cambiar turnos por causas justificadas.

- **Exigencias imposibles y «trampas»**
  - o Instrucciones ambiguas para luego culparte por «interpretarlas mal».
  - o Órdenes contradictorias de distintos superiores.
  - o Plazos simultáneos incompatibles entre sí.
  - o Prioridades cambiantes sin comunicación formal.

- **Otras conductas típicas de hostigamiento**
  o Retirarte clientes o cuentas clave sin motivo.
  o Asignarte clientes conflictivos de forma recurrente.
  o Cambiarte de puesto sin formación ni transición.
  o Excluirte de canales de ayuda (soporte, mesa de servicio).
  o Fomentar que otros te «hagan el vacío».

Tipos de acoso según el origen

Los distintos tipos de acoso laboral se pueden clasificar dependiendo de quién sea el acosador:

- De jefe a empleado (vertical descendente): abuso de poder desde arriba. Por ejemplo, te quitan funciones sin motivo, te cambian turnos «para castigarte», expedientes vacíos…
- Entre compañeros (horizontal): un grupo o una persona del mismo nivel. Por ejemplo, rumores, bromas humillantes, dejarte fuera de reuniones o chats…
- De subordinados a mando (vertical ascendente): minar a un responsable para echarlo. Por ejemplo, boicotear sus instrucciones o propiciar un desprestigio coordinado.

Cómo actuar frente al acoso laboral

Lo mejor es llevar a cabo los siguientes cinco pasos a fin de preparar la documentación y tener la mayor cantidad de pruebas posible.

1. **Anota hechos con fechas, testigos y pruebas.** Es importante desde el primer momento llevar un registro

detallado en una agenda con todas y cada una de las acciones nocivas o actos hostiles que se cometen contra ti.

2. **Guarda partes médicos o informes si hay afectación.** Cualquier informe médico o psicológico, así como los distintos partes de incapacidad temporal que puedan ser expedidos, serán de gran utilidad.

3. **Comunícalo por escrito a recursos humanos o al delegado de prevención (pide el protocolo).** Como ya hemos adelantado anteriormente, el *mobbing* genera un indudable riesgo psicosocial que debe ser contemplado en materia de prevención de riesgos laborales (PRL). Por tanto, activar la comunicación correspondiente, poniendo de manifiesto la existencia de este riesgo psicosocial en el desempeño del trabajo de la persona denunciante, determina que el empleador deba desplegar las acciones correspondientes para mitigarlo o erradicarlo, incluso aunque no llegue a ser considerada como *mobbing* la conducta denunciada. Es muy frecuente que la empresa no adopte medidas de prevención, en cuyo caso se añadiría un comportamiento infractor empresarial en materia de PRL diferenciado de la existencia del propio acoso laboral.

4. **Busca apoyo (médico/psicológico y asesoría legal).** Acudir a un psicólogo puede ser de mucha utilidad no solo para superar este grave problema personal, sino también para argumentar y dotar de credibilidad a través de informes a la acción judicial que finalmente inicies. También es importante contar con un asesoramiento legal desde el primer momento.

5. **Denuncia el acoso en la empresa antes de acudir a la Inspección de Trabajo.** Antes de interponer una denuncia ante la Inspección de Trabajo, es necesario, al menos conveniente, plantear la denuncia en el seno de

la empresa, extremo que analizaremos más detenidamente en el epígrafe siguiente. Esta denuncia puede ser de gran utilidad, ya que te puede ayudar, si el acoso continua, a solucionar el problema mediante la imposición de sanciones a la empresa por la vulneración del derecho fundamental implicado, que como hemos dicho es la dignidad de la persona así como la integridad física y psíquica del trabajador. Es más, a veces la Inspección de Trabajo no puede determinar con los datos aportados en la denuncia la existencia del acoso laboral, pero sí puede fiscalizar que la empresa actúe conforme a como obliga la ley.

El protocolo de acoso laboral

Antes de adentrarnos en esta materia debemos partir de unas premisas ya expuestas anteriormente, pero que deben tenerse muy presentes:

- El *mobbing* no es solo un problema laboral en el seno de una organización empresarial, sino que se configura como un riesgo psicosocial que puede generar un grave daño psicológico al trabajador.
- La característica fundamental de este fenómeno la representa su dificultad de detección, ya que la mayor parte de las conductas de hostigamiento son invisibles, no dejan huellas, lo que dificulta su prueba.

Dicho lo anterior, el protocolo de acoso en una empresa debe visualizarse como una herramienta esencial para construir un entorno de trabajo donde se respeten los derechos y la dignidad de todas las personas. Por eso, tiene que formar parte de las medidas preventivas que deben velar porque una determinada situación conflictiva no desemboque en un acoso laboral. Por tanto, podría ser definido como un documento/procedimiento de la empresa para prevenir, recibir y tramitar denuncias, y proteger a la persona afectada.

Todas las empresas, con independencia de su dimensión, cuentan con la obligación de tener un protocolo de acoso, por imposición legal. En cuanto a su elaboración, si la empresa no cuenta con un plan así, debe negociarse con la representación legal de los trabajadores o su representación sindical, y deberá ajustarse en todo caso a las pautas facilitadas por el convenio colectivo aplicable en la empresa.

La entrada en vigor de la Ley 2/2023, de 20 de febrero, reguladora de la protección de las personas que informen sobre infracciones normativas y de lucha contra la corrupción, ha supuesto un cambio significativo en el funcionamiento de los canales de denuncias previstos en los protocolos de acoso laboral para las empresas de cincuenta o más trabajadores. Según esa ley, debe habilitarse un canal de denuncias interno, como un buzón o una dirección de correo electrónico, que sea confidencial, rápido y accesible para las víctimas y las personas que tengan conocimiento de hechos de acoso. Este canal debe permitir la activación del protocolo de forma garantista, protegiendo la identidad de los denunciantes y previniendo represalias.

En cuanto a las consecuencias para las empresas que no cumplan con la obligación de implantar este protocolo, la ley establece sanciones administrativas que varían en función de la gravedad de la infracción. Estas pueden ir desde multas de 7.501 a 30.000 euros para infracciones leves, y de multas de entre 120.006 y 225.018 euros en los casos de infracciones muy graves.

El contenido mínimo que estos protocolos deben incorporar es el siguiente:

- Definiciones y ejemplos (qué conductas son acoso).
- Canales de denuncia (varios, accesibles, también en teletrabajo).
- Confidencialidad y protección de datos.
- Prohibición de represalias y garantías para quien ayuda/testifica.
- Medidas cautelares (separar a las partes, cambios de turno sin penalizar a la víctima, etc.).
- Investigación imparcial y rápida, con plazos y personas neutrales.
- Derecho de acompañamiento (representación legal/sindical).
- Resolución y medidas correctoras/sancionadoras.
- Apoyo médico/psicológico y seguimiento.
- Formación y sensibilización periódicas a la plantilla.

Señales de un protocolo irregular o ineficaz

El objetivo del protocolo de acoso, como ya hemos adelantado, debe ser protegerte ante estas situaciones, pero en muchas ocasiones el sistema implantado por la empresa no es legal. Para un trabajador que atraviesa un proceso de denuncia de acoso o que examina el protocolo de su empresa, es fundamental identificar indicios de que el procedimiento es irregular o vulnera garantías mínimas. Algunos signos de alerta evidentes son:

- **Participación inadecuada de superiores directos: falta de imparcialidad.** En muchas ocasiones, los instructores de estos procedimientos actúan como juez y parte de los mismos. Si quien te acosa es tu propio jefe y aun así ese mismo superior o su línea jerárquica conduce la investigación, hay falta de neutralidad. Un protocolo serio establece que en tales casos intervenga personal ajeno al entorno del acosador. Si ves que tu denuncia la gestionan personas de la cuerda de tus acosadores (por amistad, subordinación o interés con el acusado), es un fuerte indicio de falta de imparcialidad.

- **Falta de información y transparencia.** Como trabajador tienes derecho a saber cómo y ante quién denunciar, y qué pasos seguirá el proceso. Es una obligación de la empresa comunicarte la existencia del procedimiento que guiará tu denuncia de acoso. Si no te comunica la existencia del protocolo (por ejemplo, no está accesible en la intranet o nadie te lo entrega al quejarte), o si, tras denunciar, no te informan de los avances, esto apunta a un protocolo deficiente. Imagina que presentas una queja y pasa un mes sin que nadie te entreviste ni te den acuse de recibo; eso es una anomalía grave, lo que pone de manifiesto de manera palmaria una falta de transparencia.

- **Preguntas tendenciosas o trato culpabilizador.** Durante las entrevistas o reuniones, observa la actitud de los investigadores. Cuestionarios sin neutralidad, donde se minimiza lo ocurrido, se ponen en duda tus motivos continuamente o se te insinúa que «malinterpretaste» los hechos, revelan sesgo. Un procedimiento correcto trata a la persona denunciante con respeto y presume su buena fe, sin prejuicios. Si sientes un tono acusatorio hacia ti o presiones para retractarte, es señal de que el protocolo no se está aplicando con la debida objetividad e imparcialidad.

- **Incumplimiento de la confidencialidad.** Este es uno de los indicios más claros. Si notas que circula información sobre tu denuncia entre personas ajenas (rumores en la empresa, compañeros que no eran testigos saben detalles, etc.), significa que alguien rompió la confidencialidad. En un protocolo legal, la empresa debe manejar el caso de forma reservada, limitando la información solo a los intervinientes indispensables. También constituye vulneración de datos personales que, por ejemplo, se publique tu nombre o detalles en un comunicado interno. La confidencialidad no impide que el presunto acosador conozca y responda a la acusación, pero toda comunicación debe ser controlada. Una difusión excesiva (como copiar en correos a personas irrelevantes) es un fallo grave.

- **Ausencia de medidas protectoras inmediatas.** Tras denunciar, ¿sigues compartiendo puesto o turno con la persona acusada sin ningún cambio? ¿Debes continuar bajo su supervisión directa? Si la empresa no toma ninguna medida temporal para evitar tu contacto con el presunto agresor, está fallando en su deber de protección. Un protocolo adecuado casi siempre contempla medidas cautelares (separación del puesto, cambio de departamento, teletrabajo, permiso temporal, etc.) para evitar nuevos incidentes mientras dura la investigación. La ausencia de tales medidas (o tomarlas después de que las solicites de manera reiterada) es un signo de protocolo mal aplicado. En la práctica, deberías detectar alguna acción en ese sentido, por mínima que sea; la empresa debe proponerte opciones para garantizar tu seguridad y salud inmediatamente después de la queja.

- **No se practican pruebas.** Un procedimiento irregular puede intentar cerrarse en falso sin investigar a fondo. Si nadie te pide que aportes evidencias (*emails*, mensajes, etc.) o no entrevistan a testigos clave que tú has señalado, es indicativo de falta de rigor. Un protocolo conforme debe recoger pruebas de todas las partes y de terceros. La negativa a admitir pruebas relevantes o la omisión de diligencias de investigación sugiere una voluntad de encubrimiento o desinterés en esclarecer los hechos.

- **Ausencia de motivación y contradicción.** Al finalizar la investigación, debes recibir (o al menos tener derecho a) una resolución escrita y motivada. Si el protocolo concluye con una resolución en la que solo se refleja que «no ha habido acoso», sin más, o ni siquiera te comunican formalmente el cierre, existe un procedimiento defectuoso. Otra alerta es si las conclusiones no guardan coherencia con las pruebas aportadas, lo cual podría implicar que la decisión estaba preconcebida. La ausencia de un informe final detallado es contraria a las buenas prácticas y deja al trabajador indefenso para recurrir o tomar otras acciones.
- **Represalias o trato adverso tras la denuncia.** Aunque no es un «error de protocolo» en sí, sí es una práctica ilegal que a veces ocurre en entornos donde el protocolo es pura fachada. Si después de denunciar sufres cambios negativos (aislamiento, críticas injustas, empeoran tus condiciones, amenazas veladas), la empresa estaría vulnerando la garantía de indemnidad. Esta situación revela que el protocolo no protege efectivamente al denunciante. Cualquier represalia es nula de pleno derecho, y su sola aparición indica que la empresa no está gestionando bien el caso, posiblemente intentando silenciarlo en lugar de solucionarlo. Ante mínimos indicios de represalia, busca asistencia jurídica de inmediato.

En general, un protocolo eficaz debe ser transparente, activándose procedimientos visibles (entrevistas, comunicaciones formales), ofreciéndote apoyo o, al menos, un contacto regular, y adoptándose medidas temporales para tu bienestar. Si en tu caso «no pasa nada» tras denunciar, o todo ocurre de forma oscura y unilateral, desconfía. La ausencia de señales visibles de actuación suele equivaler a inacción o trámite cosmético, lo cual es contrario a las obligaciones empresariales.

Qué hacer si el protocolo falla

Si sospechas que el protocolo de tu empresa es deficiente o no se está llevando a cabo correctamente, considera las siguientes acciones y precauciones para defender tus derechos:

- **Infórmate y solicita el protocolo por escrito.** Pide una copia del protocolo de acoso laboral de tu empresa (debería estar disponible en la intranet, en un tablón de anuncios o entregártelo el departamento de recursos humanos). Léelo detenidamente para conocer tus derechos, canales de denuncia, plazos, garantías, etc. Si la empresa no tiene un protocolo accesible o se niega a facilitarlo, deja constancia por escrito de tu solicitud; esta falta puede ser relevante ante la Inspección de Trabajo.

- **Exige el cumplimiento de unas garantías mínimas.** Desde el primer momento, reclama (de forma respetuosa y por canales formales) tus derechos a la confidencialidad, la protección y la celeridad. Por ejemplo, al denunciar, solicita expresamente «la activación del protocolo, la reserva de mi identidad y la adopción de medidas cautelares de separación». También apela a los principios que deben estar presentes en toda la investigación: imparcialidad y diligencia. Eso puede constituir una prueba para poder acreditar posteriormente que existen vicios de procedimiento. Recuerda que un protocolo bien aplicado debe garantizar confidencialidad, rapidez, imparcialidad, medidas cautelares y seguimiento.

- **Documenta todo el proceso.** Lleva un registro escrito de cada hito que se produzca en relación con tu denuncia. Anota fechas de reuniones, nombres de quienes te entrevisten, resumen de lo hablado (si no consta en un acta deberían ser grabadas todas las reuniones en las que intervengas) y guarda copias de correos o escritos. Si te comunicas verbalmente con responsables, confirma luego por *email* lo tratado («como acordamos hoy, queda pendiente...»). Esta documentación servirá como prueba en caso de que necesites recabar el auxilio judicial y evidenciar posibles irregularidades (por ejemplo, que pediste medidas cautelares y no te las dieron, o que informaste de filtraciones de datos).

- **Involucra a representantes de los trabajadores o al servicio de prevención, incluso cuenta con un experto en materia laboral para que te asista y asesore durante el procedimiento.** No enfrentes la situación en soledad. Informa a tu delegado de personal, miembro del comité de empresa o delegado de prevención sobre tu caso y las posibles deficiencias que percibes. Ellos tienen derecho a participar en la prevención del acoso y pueden verificar si la empresa sigue el procedimiento correcto.

- **Contacta con la Inspección de Trabajo si es necesario.** Es una herramienta eficaz y gratuita para estos casos. Si el protocolo no arranca, se estanca o aprecias violaciones graves (represalias, indefensión, falta de confidencialidad), presenta una denuncia ante la inspección. Explica los hechos y aporta tus pruebas (correos, fechas, etc.); en estos supuestos la Inspección de Trabajo puede requerir a la empresa que active o corrija el procedimiento, e incluso proponer sanciones si identifica incumplimientos de la LPRL o la LO 3/2007. Ten en cuenta que la mera falta de protocolo, o uno meramente formal sin eficacia, puede ser sancionable.

- **Valora la vía judicial.** Si las deficiencias del protocolo implicaron una violación de tus derechos (por ejemplo, contra tu dignidad o integridad moral porque la empresa permitió que el acoso continuara impunemente, o contra tu intimidad porque divulgaron datos sensibles), podrías interponer una demanda judicial por tutela de derechos fundamentales. En esa vía, los tribunales analizan no solo el acoso en sí, sino la diligencia patronal. Un protocolo ineficaz o de mala fe puede agravar la responsabilidad de la empresa. Por ejemplo, el incumplimiento de la confidencialidad o la inacción ante la denuncia pueden dar lugar a indemnizaciones adicionales por el daño moral sufrido.

- **No aceptes acuerdos que vulneren tus derechos.** A veces, ante denuncias, ciertas empresas ofrecen salidas «rápidas» inadecuadas (por ejemplo, cambiarte a ti de puesto como solución única, hacerte firmar un acuerdo de confidencialidad excesivo o incluso un despido pactado). Ten cautela: ninguna medida debería suponer pérdida de tus derechos ni impunidad para el acosador. Busca consejo antes de aceptar. La prioridad del protocolo debe ser que cese el acoso protegiéndote a ti sin penalizarte, y sancionar al culpable si procede. Cualquier propuesta que te parezca injusta o que te silencie sin garantías de solucionar el problema real probablemente no respeta la normativa.

Ante el acoso laboral, la ley no solo condena al acosador, sino también la inacción o torpeza de la empresa al gestionar la denuncia. Proteger tus derechos implica tanto perseguir la conducta de acoso como asegurarte de que el protocolo se aplique de forma íntegra y conforme a la legalidad.

Acciones legales frente al acoso laboral

Dentro de este apartado pretendemos dar respuesta a la siguiente pregunta: ¿y si todo falla y el acoso continúa tras activar el protocolo?

Si se denuncia un acoso laboral y la empresa cierra en falso el protocolo, la única vía que queda es ejercitar acciones legales. En estos supuestos, la responsabilidad del empresario puede ser doble: bien como autor de actos de acoso, bien derivada de su condición de empresario y de su falta de diligencia en el cumplimiento de sus obligaciones derivadas de la Ley de Prevención de los Riesgos Laborales, ya que el artículo 14 de la LPRL establece el derecho de los trabajadores a recibir una protección efectiva en materia de seguridad y salud laboral, con la correlativa obligación empresarial de garantizar la protección de estos frente a los riesgos laborales.

Por tanto, si un trabajador sufre acoso por parte de otro sujeto dentro de la empresa y el empresario no actúa frente a esta conducta, se configura una responsabilidad diferente a la del acosador, no tanto por su participación activa, sino porque conocía la situación y no ha tomado las medidas necesarias para impedirla. Este incumplimiento empresarial se contempla en el apartado 13 bis del artículo 8 de la Ley de Infracciones y Sanciones del Orden Social (LISOS), que lo sanciona.

Si estás en esta situación, aquí tienes las acciones legales que puedes llevar a cabo:

Denuncia penal (artículo 173.1 del Código Penal)

Este procedimiento está reservado para las situaciones más graves. Se puede interponer una denuncia penal contra tu agresor bien sea este un representante de la empresa, la dirección de la misma o incluso un compañero de trabajo. Es un tipo penal previsto en el artículo 173.1 del Código Penal que se destina a tipificar los actos reiterados de hostigamiento en una relación laboral o funcionarial, cuando se establece una relación de superioridad y desencadena un grave acoso contra la víctima, sancionando conductas que generan un grave daño en el bienestar psicológico y emocional del trabajador.

Con la reforma del Código Penal, artículo 31 bis, tanto los representantes legales de las empresas como los trabajadores de las mismas pueden ser penalmente responsables por casos de acoso laboral. Eso hace más patente a las empresas la necesidad de vigilar y prevenir activamente este tipo de riesgo psicosocial. Además de la responsabilidad penal, también se contempla la responsabilidad civil derivada del delito cuando hay daños y perjuicios.

Procedimiento especial de tutela de derechos fundamentales

Este cauce procesal preferente y urgente podría ser interpuesto ante la jurisdicción social con un claro objetivo: mantener la relación laboral, obtener el cese inmediato de las conductas de acoso y la prohibición de su reiteración. Además, solicitar una indemnización por daños y perjuicios, especialmente morales, que resarzan la vulneración de los derechos fundamentales del trabajador.

La acción no solo puede dirigirse contra la empresa, sino también contra empleados que hayan participado de manera activa en el acoso.

En cuanto a la carga de la prueba, basta con que acredites indicios del acoso para que sea la empresa la que tenga que justificar que no ocurrió así. En todo caso, cuando quede acreditada la vulneración del derecho fundamental, el juzgado debe pronunciarse sobre la cuantificación de los daños y perjuicios, y si es necesario, imponer una indemnización a favor del trabajador acosado.

Extinción indemnizada del contrato («autodespido», artículo 50.1.c del Estatuto de los Trabajadores)

Comoquiera que la empresa te está haciendo la vida imposible, también cabe la posibilidad de acudir a un remedio excepcional: solicitar la extinción de tu contrato de trabajo por un incumplimiento grave y culpable del empleador al amparo del artículo 50.1.c del Estatuto de los Trabajadores (ET). Es decir, puedes pedir al juez extinguir tu contrato laboral pudiendo obtener la misma indemnización legal que si la empresa te hubiera despedido sin razón y, además, una indemnización adicional por el daño que te ha causado, de la misma manera que se ha explicado en el apartado anterior.

Para podernos acoger a esta posibilidad jurídica es absolutamente imprescindible reunir pruebas (mensajes, correos, partes médicos, testigos, quejas internas...) a fin de poder aportar al procedimiento judicial un indicio razonable que invierta la carga de la prueba y que sea entonces la empresa quien tenga que explicar que no vulneró tu derecho fundamental comprometido.

Ahora bien, durante el tiempo que dura el procedimiento judicial, la relación contractual debe mantenerse vigente, es decir, debes seguir yendo a trabajar y cumpliendo tu jornada, salvo que se te haya reconocido una incapacidad transitoria (IT) o haya una medida cautelar que te libere de hacerlo. Por su parte, la empresa debe seguir abonando el salario hasta que haya una sentencia judicial que extinga el contrato de trabajo, con fecha de la propia sentencia. Si la empresa te despide mientras se tramita el asunto, circunstancia que ocurre con mucha frecuencia, podremos impugnar ese despido y pedir su nulidad si es por una represalia (garantía de indemnidad) y, de esa forma, acumular ambos procedimientos judiciales.

No obstante lo anterior, existe una posibilidad para poder extinguir la relación laboral mientras está en marcha esa acción judicial, según el artículo 50.1.c del ET: cuando existe un riesgo grave e inminente para la salud (artículo 21 de la LPRL).

Si hay riesgo serio (por ejemplo, *mobbing* con daño psíquico acreditado), puedes interrumpir tu actividad de forma inmediata y comunicarlo. Es una suspensión de hecho amparada por prevención de riesgos.

Por tanto, es fundamental, salvo la excepción anterior, que durante el proceso no causes baja ni dejes de asistir a tu trabajo; podría interpretarse como una baja voluntaria.

Si finalmente el juez estima la extinción por el artículo 50 del ET, te reconocerán la indemnización (como despido improcedente) y podrás acceder al desempleo si cumples los requisitos. Si estima también la tutela de derechos, además de la extinción del contrato laboral podrá reconocerse una indemnización por daños. Hasta ese momento, el contrato sigue vigente.

Una posibilidad de mantener viva la relación laboral mientras se desarrolla el procedimiento interpuesto de autodespido sin tener que acudir al puesto de trabajo sería la solicitud de excedencia. La relación laboral quedaría en suspenso, una situación admitida por los tribunales en el supuesto que nos ocupa.

A modo de cierre de este capítulo, ten presente la siguiente idea porque es una regla de oro: el silencio protege al acosador, pero la palabra, cuando se alza con pruebas, con dignidad y con valentía, es lo único que puede salvarte.

8

JEFE, ME ENCUENTRO MAL

A veces es inevitable encontrarse mal o tener un desafortunado accidente, en estos casos siempre es recomendable obtener una baja médica, lo que puede provocar que cobres un poco menos ese mes, aunque en otros no. En este capítulo te contaré de qué depende. También te haré ver que estar de baja no es estar de vacaciones y que hay ciertas cosas que te pueden traer consecuencias, ¿o es que todavía no has oído hablar de los detectives de empresa?

Lamentablemente no es lo mismo tener un poco de fiebre a que te caigas de una escalera que no está certificada. El desconocimiento hace que muchos trabajadores tengan accidentes graves y no puedan reclamar una indemnización. Has tenido un accidente, ¿qué es lo primero que debes hacer? Intentaremos contestar a esta pregunta y a muchas otras en el desarrollo del presente capítulo.

La baja laboral es una situación que antes o después va a estar presente en la vida de cualquier trabajador, porque la enfermedad es consustancial a la naturaleza humana; todos en algún momento hemos estado o estaremos enfermos. Y entonces pueden surgirte dudas sobre qué derechos o deberes te asisten. Vamos a aclararlo en los siguientes apartados.

Enfermedad sin baja médica

Estamos enfermos y no podemos acudir a nuestro puesto de trabajo, y ahora, ¿qué? ¿Nos damos de baja médica o no? Pues bien, lo primero que hay que tener claro es que la enfermedad es una situación que justifica la ausencia del puesto de trabajo, aunque no desemboque en una baja por incapacidad temporal, es decir, si estamos enfermos y tenemos un documento que lo justifique, podemos no acudir de manera lícita al puesto de trabajo.

Es cierto que un parte de consulta no es causa de suspensión de la relación laboral, pero, como hemos indicado, es un documento hábil que por sí mismo justifica la ausencia del puesto de trabajo a pesar de la creencia generalizada de lo contrario y de la resistencia de muchos empleadores de considerarlo como tal.

Antes de avanzar, es importante tener claro que, aunque el parte de consulta que manifieste una enfermedad sea válido como causa de justificación de inasistencia al trabajo, solo la baja por incapacidad temporal es motivo de suspensión de la relación laboral, es decir, solo esta podrá determinar el nacimiento de la prestación por incapacidad temporal, si bien en la mayoría de los supuestos, como analizaremos más adelante, durante los tres primeros días no se cobrará prestación alguna.

La secuencia temporal es obvia: antes de obtener una baja por incapacidad temporal se deberá acudir al médico, por lo que con carácter previo será necesario obtener permiso de la empresa para poder acudir a una cita médica. ¿De cuánto tiempo dispone el trabajador para poder ausentarte de su puesto de trabajo si finalmente el médico no expide el parte de baja por incapacidad temporal? Este es un tema proceloso porque muchas empresas sancionan a sus trabajadores por ausentarse de su puesto de trabajo durante una jornada laboral completa para asistir a una simple cita médica.

El derecho del empleado a acudir al médico no aparece expresamente reconocido en el Estatuto de los Trabajadores (ET) como «derecho a ir al médico», si bien constituye un ejercicio legítimo de su derecho a la integridad física y a la protección de su salud, amparado por el artículo 4.2.d del Estatuto de los Trabajadores y por el artículo 19.1 del mismo texto, que reconoce el derecho a una protección eficaz en materia de seguridad y salud en el trabajo, así como por el artículo 14 de la Ley 31/1995, de Prevención de Riesgos Laborales, que impone al empleador un correlativo deber de protección.

Por tanto, la jurisprudencia ha consolidado que las ausencias justificadas para acudir al médico no son sancionables ni computables como faltas de asistencia, siempre que el trabajador lo comunique y justifique adecuadamente, reconociéndose un permiso retribuido para poder acudir al médico por el tiempo «indispensable», incluido desplazamiento y consulta. Lo que significa que si finalmente el médico no expide el parte de baja médica o no emite un informe médico en el que se establezca la necesidad de un reposo por enfermedad o de pruebas médicas que exijan una preparación, el trabajador no podrá ausentarse durante toda su jornada de trabajo, sino solo el tiempo necesario para poder acudir a su cita médica.

Resumiendo, cuando tenemos una cita médica solo podemos ausentarnos de nuestro puesto de trabajo durante el tiempo necesario para acudir a la misma, aunque dicha afirmación puede tener excepciones, ya que esta previsión legal puede venir mejorada por el convenio colectivo de aplicación, pudiendo incluso establecerse en el mismo un número de horas anuales destinadas a ser utilizadas por el empleado para esa circunstancia.

Pero ¿y si la cita médica no es para el trabajador, sino para acompañar a hijos menores o familiares dependientes que no estén en una situación de urgencia o enfermedad grave? Por ejemplo, acompañarlos a una cita programada. Entonces, el panorama jurídico cambia, ya que estos supuestos no se reconocen automáticamente como permiso retribuido, salvo que lo prevea el convenio colectivo o se negocie con el empleador.

Recomendación: antes de solicitar el permiso para una cita médica propia o de un familiar cercano, verifica qué dice al respecto tu convenio colectivo y, en todo caso, entrega a tu empresa el justificante de la cita médica.

Baja médica: requisitos y prestación económica de la incapacidad temporal

Dentro de este apartado debemos abordar tres preguntas de capital importancia:

- Si estoy de baja médica, ¿siempre tengo derecho a cobrar una prestación de incapacidad temporal?
- ¿Cuándo comienzo a cobrar la prestación?
- ¿Cuánto cobro durante el tiempo que dure la enfermedad?

Para poder contestar a estas cuestiones será necesario explicar antes que toda baja laboral puede tener un doble origen: una contingencia común o un origen profesional. Cuando hablamos de «contingencia de la que deriva una baja médica» nos referimos al origen o causa que justifica la incapacidad temporal del trabajador. Dependiendo del tipo de baja se determinará:

- Qué normativa se aplica.
- Quién paga la prestación.
- Qué cuantía recibe el trabajador.
- Qué entidad asume la cobertura: la Seguridad Social, una mutua o la empresa.

Por tanto, dependiendo de si el motivo es común o de origen profesional las respuestas de las preguntas anteriores variaran en el sentido siguiente:

- **Contingencia profesional: un accidente de trabajo o una enfermedad profesional**
    o El trabajador cobrará su prestación derivada de la incapacidad temporal sin necesidad de tener un periodo de carencia mínimo, es decir, aunque sea su primer día de trabajo y no haya cotizado nunca antes del accidente tendrá derecho a cobrar una prestación por incapacidad temporal.
    o Cobrará la prestación desde el primer día.
    o La cuantía de la prestación será del 75 por ciento de la base reguladora desde el día siguiente a la baja, salvo que el convenio colectivo aplicable indique un porcentaje mayor.

- **Contingencias comunes: una enfermedad común o un accidente no laboral**
    o Requiere un periodo mínimo de carencia de seis meses, es decir, que si en los dos primeros meses de nuestra vida laboral sufrimos un accidente de tráfico grave que no sea laboral, aunque el trabajador tenga

derecho a tener suspendida su relación laboral por la baja médica expedida, este no tendrá derecho a cobrar prestación alguna durante el periodo de tiempo en que se extienda su baja médica. No obstante, seguirá cotizando durante este periodo.

o Salvo que el convenio colectivo de aplicación indique otra cosa, durante los tres primeros días de la baja no se cobra. Se empieza a percibir la prestación a partir del cuarto día de la baja médica.

o La cuantía de la prestación será, desde el cuarto día y hasta el 20 de baja incluido, el 60 por ciento de la base reguladora; a partir del 21 día de baja se pasará a cobrar el 75 por ciento de la base reguladora (salvo que el convenio lo mejore).

Por tanto, durante la baja laboral médica la prestación recibida se corresponde con un porcentaje de la base reguladora. Pero para poder saber realizar ese cálculo matemático debemos explicar otro concepto jurídico: la base reguladora, que es la magnitud económica sobre la que se calculan las prestaciones de la Seguridad Social, y más concretamente en el supuesto que nos ocupa, el de la incapacidad temporal.

Nuevamente, para conocer cuál es la base reguladora será necesario distinguir ante qué contingencia nos encontramos:

- **Enfermedad común o accidente no laboral**
  - Fórmula. Base reguladora diaria = base de cotización por contingencias comunes del mes anterior/número de días cotizados en ese mes.

    Ejemplo: si en agosto la base de cotización fue 1.800 euros y tuvo 30 días → Base reguladora diaria = 1.800 ÷ 30 = 60 euros/día.

- Prestación:
  —Días 1 a 3: sin prestación (salvo que el convenio lo mejore).
  —Días 4 a 20: 60 por ciento de la base reguladora.
  —Desde el día 21: 75 por ciento de la base reguladora.

- **Accidente de trabajo o enfermedad profesional**
  - Fórmula. Base reguladora diaria = base de cotización por contingencias profesionales del mes anterior/número de días cotizados.

    Ejemplo: Base de cotización profesional = 1.900 euros en 30 días → Base reguladora diaria = 1.900 ÷ 30 = 63,33 euros/día.

  - Prestación:
    —75 por ciento de la base reguladora desde el día siguiente al de la baja (el día de la baja lo paga íntegro la empresa).

Existen algunas particularidades que hay que tener en cuenta:

- Si eres pluriempleado, se suman las bases de cotización de todos los trabajos.
- Si tienes un contrato a tiempo parcial, se ajusta la base reguladora con el promedio de bases según las horas efectivas de los tres meses anteriores.

Es posible también que el convenio colectivo o la propia empresa mejore esos porcentajes. Es decir, muchos convenios colectivos recogen que durante la baja médica el trabajador perciba el cien por cien de las bases de cotización, lo que puede desembocar en un hecho paradigmático: que durante la baja por incapacidad temporal el trabajador perciba a final de mes más dinero del que cobraría si estuviera trabajando en la empresa.

Sí, has leído bien, existe la posibilidad de que mientras estemos en situación de incapacidad laboral se perciba mensualmente más dinero que trabajando, pero siempre que concurran dos requisitos: que no se tengan prorrateadas las pagas extraordinarias en la nómina y que, como hemos dicho, el convenio colectivo mejore el porcentaje de aplicación elevándolo al cien por cien. En estos supuestos concretos sucede que el trabajador cobra mes a mes el cien por cien de su base reguladora como si tuviera las pagas extras prorrateadas. Pero como en realidad sus pagas extraordinarias se devengan aparte, ese abono mensual está detrayendo el devengo proporcional de las extras. De ahí que, llegado junio o diciembre, la extra se reduzca (porque ya se ha ido abonando indirectamente durante la incapacidad temporal).

Un ejemplo práctico: pongamos que el salario base es de 2.000 euros al mes, con dos pagas extras de 2.000 euros (no prorrateadas). Si está de baja con complemento al cien por cien cobrará 2.333,33 euros al mes en concepto de prestación complementada, y esa cantidad incluye la parte proporcional de las extras. Llegado junio/diciembre, la paga extra será menor. Es decir, durante la baja parece que cobra más cada mes, pero después la extra se descuenta y el saldo anual se equilibra.

Conclusión: el trabajador no gana más globalmente por estar de baja, lo que ocurre es un adelanto del devengo de las pagas extras, extremo que se produce en todos los supuestos de incapacidad temporal siempre que no estuvieran prorrateadas mes a mes. La sensación de cobrar más en el corto plazo (prestación al cien por cien) se compensa con un menor importe en las pagas extras posteriores.

Este menor percibo de las pagas extraordinarias se produce en todos los supuestos de incapacidad temporal cuando las mismas no se encuentran prorrateadas mensualmente. En tales casos, el trabajador deja de generar la parte proporcional correspondiente al periodo en que permanece en situación de incapacidad, por lo que el importe final de las pagas extraordinarias se verá reducido en proporción al tiempo de duración de la baja.

Antes de finalizar este apartado debemos traer a colación otro punto conflictivo en la materia que nos ocupa: el reconocimiento y la calificación de la contingencia, es decir, de la causa de la baja.

Como ya se ha expuesto, la calificación de la contingencia que origina una baja médica reviste una gran trascendencia para el trabajador, ya que de ella dependen tanto la cuantía de la prestación económica como el régimen de protección aplicable. En numerosas ocasiones, las mutuas colaboradoras con la Seguridad Social tienden a calificar las bajas como derivadas de contingencia común, cuando en realidad podrían corresponder a un accidente de trabajo o a una enfermedad profesional, con el consiguiente perjuicio económico y jurídico para el trabajador. En estos supuestos es importante que el trabajador inste ante la Seguridad Social la apertura de un expediente administrativo de determinación de contingencias, en el que se le obligue a dictar una resolución declarando la contingencia como común o profesional, que podrá ser recurrida judicialmente de no estimarse el cambio pretendido por el trabajador.

Presiones empresariales durante la baja médica

En ocasiones, algunas empresas, tras conocer que un trabajador atraviesa un proceso de incapacidad temporal, muestran cierta presión o insistencia en que se reincorpore cuanto antes, incluso cuando no ha finalizado por completo el proceso de recuperación que motivó la baja médica y que determina el pago empresarial delegado de la Seguridad Social. El pago delegado que efectúa la empresa durante ese periodo implica que, aunque el abono directo de la nómina la haga el empleador en un primer momento, posteriormente podrá descontarse este pago de los seguros sociales.

Ahora bien, aunque en un principio parece un procedimiento neutro sin coste para la empresa, esto no es así, ya que el empleador, mientras el trabajador se encuentre incurso en un proceso de incapacidad temporal:

- Adelanta liquidez.
- Sigue soportando cotizaciones empresariales.
- Asume los complementos del convenio, si los hay.
- Además, sufre costes organizativos y productivos.

Ante este panorama jurídico, en lugar de respetar los derechos del empleado y la normativa que protege su recuperación, algunas empresas acuden a estrategias sutiles para forzar una reincorporación anticipada ignorando las recomendaciones médicas. Estas prácticas no solo son ilegales, sino que vulneran derechos fundamentales del trabajador, como son los artículos 14 y 15 de la Constitución, ya que mientras dure el proceso de baja la empresa no puede interferir en ese proceso ni presionar para que acelere el proceso de alta. El único facultado para expedir el parte de alta y obligar al trabajador a la reincorporación es el médico.

Las prácticas empresariales más comunes que deben ser tachadas de ilegales son: asignar trabajos a distancia; no abonar de manera puntual o correctamente los complementos para forzar de una manera indirecta a la reincorporación a través de la asfixia económica; llamadas o correos electrónicos insistentes para que el trabajador se reincorpore de una manera inmediata; la amenaza de la extinción de la relación laboral durante el periodo de prueba del contrato, o incluso amenazas de despido o de aperturas de expedientes disciplinarios.

Como decía, estas prácticas no solo son completamente ilegales, sino que además atentan contra dos artículos de la Constitución:

- Artículo 14 (igualdad y no discriminación), ya que el trabajador enfermo no puede recibir un trato peyorativo ni presión distinta a la del resto de compañeros por razón de su situación médica.
- Artículo 15 (integridad física y psíquica), pues la coacción pone en riesgo la salud del trabajador y su recuperación médica.

La conclusión es que cualquier medida empresarial impuesta como consecuencia o respuesta a la baja médica del trabajador debe ser reputada como nula de pleno derecho. Además de la posible vulneración de derechos fundamentales que suponen las llamadas telefónicas o enviar correos electrónicos a empleados de baja, incluso cuando se trate de consultas aparentemente relacionadas con el trabajo, también podría incurrirse en infracciones de carácter ordinario, especialmente en lo referente al derecho a la desconexión digital.

En consecuencia, cuando un trabajador se encuentra de baja médica, la empresa debe abstenerse de mantener cualquier tipo de contacto de naturaleza laboral que suponga una intromisión en su derecho al descanso, a la recuperación y a la desconexión digital, salvo que concurran motivos excepcionales debidamente justificados y ajenos al desempeño de sus funciones.

Cuando el trabajador está de baja, por tanto:

- No está obligado a responder llamadas, *emails* o mensajes profesionales.
- Puede bloquear notificaciones laborales en el móvil o el correo.

- Cualquier presión empresarial para obligar a contestar puede considerarse acoso o vulneración del derecho a la desconexión.

En esta línea, la sentencia del Tribunal Superior de Justicia de Galicia de 25 de abril de 2025 constituye un precedente jurisprudencial relevante, al reconocer que la mera inclusión de un trabajador en situación de baja médica en un hilo de correos electrónicos reiterados, aunque no se le exija respuesta inmediata, vulnera su derecho a la desconexión digital y a la integridad moral. El tribunal consideró que este derecho no se limita a no contestar comunicaciones fuera del horario laboral, sino que impone al empleador una obligación activa de no emitir comunicaciones laborales durante los periodos en los que el trabajador tiene suspendida su relación laboral, como es la incapacidad temporal.

El fallo condenó a la empresa al abono de 1.500 euros en concepto de daños morales, subrayando que tales comunicaciones resultaban innecesarias y que la empresa podía haber adoptado medidas técnicas para evitar su recepción. En definitiva, se trata de un pronunciamiento que refuerza la protección del trabajador durante la baja médica, recordando que la recuperación de la salud es un derecho prioritario y que cualquier intromisión empresarial, por leve que parezca, puede implicar una vulneración de derechos fundamentales y ordinarios.

Obligaciones durante las bajas médicas: ¿es lícito que la empresa contrate un detective privado?

No todos son derechos durante las bajas médicas, también hay obligaciones. Aunque el único facultado para determinar la aptitud laboral sea el médico del sistema público o de la mutua (según contingencia), existen límites infranqueables que el trabajador no puede sobrepasar, ya que no puede adoptar conductas que entorpezcan o retrasen el alta médica.

Y si lo hace, ¿qué puede ocurrir? Si la empresa pone un detective y este verifica que el trabajador realiza actividades que objetivamente pueden retrasar la recuperación, estaríamos ante un incumplimiento grave y culpable del empleado que podría desembocar en un despido disciplinario procedente. Además, si se acredita una percepción indebida (por ejemplo, trabajar o realizar actividades incompatibles durante la baja), la empresa puede iniciar un expediente de reintegro, sin perjuicio de acciones paralelas, para recuperar los pagos delegados y otros gastos que haya efectuado.

Por lo tanto, sí es posible (y lícito) que las empresas contraten a detectives privados en estos supuestos concretos de incapacidad temporal, siempre que se cumpla el requisito de finalidad legítima, necesidad y proporcionalidad, es decir, si hay indicios razonables de abuso de la incapacidad transitoria. El seguimiento externo y limitado en el tiempo puede ser legítimo.

Muy relacionados con este incumplimiento por parte del trabajador, relativo a las conductas que entorpezcan o retrasen el alta médica, se encuentran otros que también podrían tener una repercusión muy importante sobre la prestación económica de la incapacidad temporal, como son las situaciones a las que nos referimos a continuación y que se convierten en límites legales para el derecho a cobrarla:

- **Cumplir los tratamientos médicos prescritos.** Rechazar medicación, pruebas diagnósticas o terapias puede considerarse incumplimiento. Solo se admiten excepciones justificadas (efectos adversos graves, creencias religiosas, etc.).
- **Acudir a las revisiones médicas obligatorias.**

- **La Seguridad Social o la mutua pueden citar al trabajador a controles médicos.** La incomparecencia injustificada puede suponer la suspensión o extinción de la prestación.
- **No realizar actividades incompatibles con el proceso de curación.** Por ejemplo, practicar deportes de riesgo durante una baja por lesión, trabajar en otro empleo que agrave la patología, realizar esfuerzos físicos estando de baja por lumbalgia… El criterio es si la actividad objetivamente puede retrasar la recuperación.
- **El empleado debe comunicar hechos relevantes a la entidad gestora**, como cambios de domicilio que impidan notificaciones o viajes al extranjero durante la baja que impidan controles médicos.

En todos estos supuestos se corre el riesgo de perder la prestación económica derivada de la incapacidad temporal.

Final de la relación laboral durante la incapacidad temporal

Durante el proceso de incapacidad temporal pueden producirse determinados hechos que pongan fin a la relación contractual (no superación del periodo de prueba, despidos objetivos, despidos disciplinarios, jubilación del empleador, etc.).

Como ya hemos expuesto en el apartado anterior, si estas extinciones estuvieran relacionadas como causa-efecto con el proceso de incapacidad temporal, deberían ser declaradas como nulas de pleno derecho, tras el ejercicio de la acción judicial correspondiente.

Hay situaciones en las que se finaliza el vínculo contractual de manera lícita (por ejemplo, la jubilación del empleador, el fin de contrato temporal o un despido objetivo que obedece a una causa real) o, incluso, aunque la extinción fuese ilegal, el trabajador decide no impugnarla o se le pasa el plazo de caducidad de 20 días hábiles para poderlo llevar a cabo. En todas estas circunstancias el trabajador que está incurso en una situación de incapacidad temporal también estaría incurso en una situación legal de desempleo.

En ese caso, ¿qué pasa con la prestación? Pues depende de la contingencia:

- Si la incapacidad temporal es una contingencia común (una enfermedad o un accidente no laboral):
  - o El trabajador sigue cobrando la prestación en cuantía equivalente al desempleo si la incapacidad comenzó antes de la extinción contractual.
  - o Cuando reciba el alta médica pasará a cobrar la prestación de desempleo (si cumple los requisitos de cotización).
  - o El tiempo de la incapacidad laboral se descuenta del paro que luego corresponda.
- Si es por una contingencia profesional (un accidente de trabajo o una enfermedad profesional):
  - o Seguirá cobrando la prestación en la cuantía de incapacidad profesional hasta el alta.
  - o Después, si cumple los requisitos, puede pasar al desempleo.
  - o Aquí no hay descuento sobre el paro: primero la incapacidad, después el paro.

¿Qué debe hacer el trabajador?

- Comunicar al SEPE (Servicio Público de Empleo) la situación cuando el contrato se extinga, aunque esté de baja.

- Cuando el contrato se extingue y el trabajador sigue de baja, no debe pedir el paro todavía, sino solicitar a la mutua o a la Seguridad Social el pago directo de la prestación, y aunque no haya un plazo regulado para llevar a cabo este trámite es recomendable llevarlo a cabo en el menor tiempo posible y, en todo caso, en el plazo máximo de 15 días hábiles.
- Presentar la solicitud de prestación por desempleo al SEPE en plazo (15 días hábiles) tras el alta médica.
- En caso de accidente de trabajo o enfermedad profesional, reclamar a la mutua o a la Seguridad Social para que no se compute como desempleo.

El alta médica prematura

Lamentablemente, en la práctica diaria de mi despacho es frecuente comprobar que se emiten altas médicas por parte de la Seguridad Social o de la mutua colaboradora cuando el trabajador aún no se encuentra plenamente restablecido de la dolencia que motivó su baja y, por tanto, no está en condiciones reales de reincorporarse a su puesto de trabajo con garantías para su salud.

Aunque el empleado en realidad no esté plenamente recuperado y decida recurrir el alta médica, no tiene más remedio que incorporarse al trabajo y avisar de inmediato a la empresa. No hacerlo puede acarrear graves consecuencias, ya que la ausencia se consideraría injustificada y podría motivar una sanción o incluso un despido disciplinario.

Solo existe una excepción para evitar la reincorporación inmediata, pero únicamente está prevista para los supuestos de altas médicas derivadas de contingencias profesionales, ya que en estos supuestos el trabajador puede impugnar el alta dentro de los 10 días hábiles desde la notificación. El trabajador que inicie este proceso especial de revisión deberá comunicarlo a la empresa en el mismo día que se presente su solicitud o en el siguiente día hábil. Durante ese tiempo, no tiene obligación de reincorporarse al trabajo y la situación de incapacidad temporal se prorroga automáticamente hasta la resolución de la Seguridad Social, que debe pronunciarse sobre la impugnación.

En los demás casos, como ya he explicado, con independencia de la impugnación del alta médica, el trabajador se deberá incorporar a su puesto de trabajo inmediatamente, al día siguiente hábil de la expedición del alta, asumiendo un grave riesgo si no lo hace.

Si el trabajador realmente no puede reincorporarse, para reducir ese riesgo conviene:

- Impugnar el alta en un plazo de 11 días hábiles si la baja ha sido por una contingencia común.
- Intentar conseguir una nueva baja médica siempre que sea por distinta patología.
- Aportar informes médicos privados que acrediten la imposibilidad de la reincorporación.
- Valorar simultáneamente la iniciación de un expediente de incapacidad permanente.

También podría ser de utilidad presentar informes médicos privados que acrediten sus limitaciones y sirvan para evitar decisiones empresariales injustas o apresuradas. En estos casos, es recomendable, además de impugnar el alta médica, solicitar que la empresa realice un reconocimiento médico antes de reincorporarse. Hasta que esa revisión no se lleve a cabo, el trabajador no debería ser obligado a realizar tareas que puedan perjudicar su salud. Si el reconocimiento concluye que es apto con limitaciones o no apto, la empresa debe adaptar el puesto o recolocar al trabajador. Ignorar esas limitaciones vulnera derechos fundamentales y puede acarrear consecuencias legales graves para la empresa.

Los posibles resultados y las consecuencias de ese reconocimiento médico que realizaría la empresa son:

- **Apto.** El trabajador puede reincorporarse normalmente; la empresa ha cumplido con su deber de prevención.
- **Apto con limitaciones o restricciones.** Por ejemplo, es apto para tareas administrativas, pero no apto para manipulación de cargas superiores a 5 kilos. Las consecuencias jurídicas serían:
  - o La empresa debe adaptar el puesto o asignarle tareas compatibles.
  - o Si no puede hacerlo, debe valorar la posibilidad de un ajuste razonable.
  - o Si no hay puesto alternativo, se podría llegar a un despido objetivo por ineptitud sobrevenida (artículo 52.a del Estatuto de los Trabajadores), pero solo como último recurso y muy controlado judicialmente.
- **No apto.** El trabajador no puede desempeñar las funciones esenciales de su puesto. Las consecuencias jurídicas serían:
  - o La empresa debe valorar su recolocación en un puesto compatible.
  - o Si no existe un puesto adecuado, podría proceder al despido objetivo por ineptitud sobrevenida.
  - o El trabajador, por su parte, puede iniciar un expediente de incapacidad permanente ante la Seguridad Social.

Antes de concluir este apartado, conviene hacer una breve reflexión sobre la baja médica por recaída, es decir, aquella que se produce cuando el trabajador vuelve a sufrir la misma dolencia que originó una baja anterior. Esta figura tiene una regulación específica y solo puede aplicarse si la nueva baja se produce dentro de los 180 días naturales siguientes al alta médica anterior.

En ese caso, se considera que el trabajador continúa en el mismo proceso de incapacidad temporal, lo que implica que no se inicia un nuevo periodo de prestación, sino que se reanuda el anterior, manteniendo las mismas condiciones de contingencia, cálculo de la base reguladora y duración máxima del proceso.

Tiempo máximo y posibles situaciones al finalizar la incapacidad transitoria

La Ley General de la Seguridad Social (LGSS) establece que el plazo máximo de permanencia en situación de incapacidad temporal es de 365 días naturales (un año), que puede prorrogarse durante 180 días más si se prevé una curación en ese tiempo, y se extinguirá al cumplir esos 545 días.

Sin embargo, el artículo 180 de la LGSS establece que si el trabajador sigue incapacitado, pero existe una expectativa seria de mejoría en el corto plazo, la Seguridad Social puede demorar la calificación de incapacidad permanente hasta un máximo de 730 días desde el inicio de la incapacidad temporal. No es una prórroga propiamente dicha, sino una demora en la calificación de la incapacidad permanente, manteniendo mientras tanto el pago de la prestación. Es decir, no es una prórroga de la incapacidad temporal como tal, sino de sus efectos económicos, una medida temporal y transitoria (artículo 174.2 de la LGSS) en la que la empresa no tiene la obligación de cotizar por el trabajador.

Si se agota el plazo de 365 días de la incapacidad transitoria sin que haya alta médica supondrá que el empleado se encuentra automáticamente en situación de prórroga de incapacidad temporal (artículo 169.1.a de la LGSS) por presumirse que, dentro del siguiente periodo de 180 días, puede ser dado de alta por curación o mejoría.

Tras esos primeros 365 días, la valoración de la baja pasa del médico de atención primaria a la mutua o a la Seguridad Social, quienes pueden, llegado a ese plazo:

- Dar el alta médica → reincorporación.
- Reconocer la incapacidad permanente → se inicia expediente.
- Conceder una prórroga de 180 días → si existe posibilidad de curación.

¿Y si se alcanza el final de la prórroga (los 545 días, 18 meses)? La Seguridad Social debe decidir:

- Dar el alta médica, con la reincorporación obligatoria al trabajo.
- Iniciar un expediente de incapacidad permanente (IP).
- Conceder una prórroga de efectos económicos hasta 730 días (dos años), como ya se ha explicado anteriormente.

Durante una baja médica el contrato de trabajo queda suspendido, pero la empresa sigue cotizando por el trabajador a la Seguridad Social. Esto significa que, aunque cobre menos durante la incapacidad temporal, el trabajador continúa generando derechos para su jubilación, desempleo y demás prestaciones, como si siguiera trabajando con normalidad, con la misma base reguladora.

Esta obligación de cotizar se mantiene para la empresa como máximo durante 545 días (18 meses). Pasado ese tiempo, si el trabajador continúa de baja y aún no se ha dictado resolución de incapacidad permanente, la empresa lo dará de baja en la Seguridad Social y pasará a una situación llamada «asimilada al alta», lo que le permite seguir protegido y mantener sus derechos frente a la Seguridad Social. Sin embargo, esto no significa que el contrato se haya extinguido, sino que sigue suspendido hasta que la Seguridad Social o la mutua decidan si el trabajador se recupera, si se le deniega la incapacidad permanente o si finalmente se le reconoce. Hay muchas personas que realmente piensan que han sido despedidos. Me he encontrado en el despacho casos de personas muy nerviosas en esta situación. Pues tranquilo, el contrato no se extingue, solo se suspende.

Durante ese tiempo, la relación laboral sigue existiendo, por lo que no debe firmarse un finiquito ni abonarse las vacaciones. Muchas empresas cometen el error de hacerlo al cumplir los 545 días, pensando que el contrato termina, pero en realidad el vínculo laboral se mantiene y el trabajador sigue generando vacaciones. Las vacaciones solo pueden compensarse económicamente cuando el contrato se extingue definitivamente. Por tanto, si la empresa paga las vacaciones antes de tiempo y luego el trabajador vuelve a reincorporarse, se generaría un pago indebido y una actuación contraria a la ley. En ese caso, el trabajador podría reclamar judicialmente la recuperación de los días de vacaciones no disfrutados o, si no puede hacerlo, una indemnización por los perjuicios causados.

Accidentes laborales

Como ya he explicado, los accidentes laborales determinan una incapacidad temporal cuyo origen es una contingencia profesional y generan muchos conflictos para el trabajador, tanto en el plano económico como en el plano jurídico, que desarrollaremos a lo largo de este apartado.

Como también he adelantado anteriormente, las mutuas y las empresas son reacias a su reconocimiento y en muchos supuestos intentan calificar el accidente como una contingencia común para, de esta manera, poder abaratar costes. Es horrorosa la cantidad de personas que acuden al despacho con verdaderos accidentes laborales que son negados por las mutuas por motivos incomprensibles.

El concepto de accidente de trabajo viene reconocido en el artículo 156 de la LGSS, que establece: «Se entiende por accidente de trabajo toda lesión corporal que el trabajador sufra con ocasión o por consecuencia del trabajo que ejecute por cuenta ajena». Es decir, el elemento más importante que lo define es la relación de causalidad, que puede ser:

- Directa, si la lesión es consecuencia inmediata del trabajo, por ejemplo, la caída desde un andamio de un trabajador de la construcción.
- Indirecta, cuando el trabajo no causa directamente la lesión, pero es factor o condición determinante, como puede ser el caso de un infarto cuando el trabajador no tiene antecedentes previos y puede acreditarse la existencia de un gran estrés o fatiga laboral.

En esta materia, rige una presunción de causalidad establecida en el artículo 156.3 de la LGSS, que consiste en que se presume que es accidente laboral las lesiones ocurridas en el lugar y en el tiempo de trabajo, salvo prueba contraria. Esta presunción favorece al trabajador y desplaza la carga de la prueba al empleador o a su mutua cuando no quieran reconocer la contingencia profesional del accidente.

Muchas veces, accidentes acontecidos en el tiempo y lugar de trabajo, como pudiera ser una contractura muscular motivada por un esfuerzo considerable del trabajador, son rechazados por las mutuas como accidente laboral, ya que mantienen que son enfermedades comunes agravadas por el trabajo, sobre todo si detectan la existencia de una patología previa.

Otro supuesto de accidente laboral es el accidente *in itinere*: «Se entenderán, en todo caso, como accidentes de trabajo los que sufra el trabajador al ir o al volver del lugar de trabajo». Se necesitan cuatro requisitos para que un accidente se califique como *in itinere*:

- Teleológico (finalidad laboral). El desplazamiento debe estar motivado por ir o volver del trabajo. Ejemplo: el trayecto al domicilio habitual tras la jornada.
- Geográfico (trayecto habitual y normal). El recorrido debe ser el habitual entre domicilio y trabajo. Se admiten pequeñas desviaciones justificadas (por ejemplo, llevar hijos al colegio si es razonable y cotidiano).
- Cronológico (dentro del tiempo prudencial). El accidente debe producirse en horario próximo al de entrada o salida. No se exige coincidencia exacta, pero sí razonabilidad.
- Idoneidad del medio de transporte. El medio debe ser adecuado y lógico (coche, transporte público, bicicleta, andando). Accidentes en un transporte inadecuado (por ejemplo, un patinete en vías no destinadas para ello) pueden excluir la cobertura.

Recargo de prestaciones

Esta figura es una de las más importantes en cuando hablamos de accidentes de trabajo: «Todas las prestaciones económicas que tengan su causa en accidente de trabajo o enfermedad profesional se aumentarán, según la gravedad de la falta, de un 30 a un 50 por ciento, cuando la lesión se produzca por equipos de trabajo, instalaciones o lugares de trabajo que carezcan de las medidas de seguridad e higiene legalmente exigibles».

Básicamente, es un aumento de la cantidad cobrada durante tu baja (y para siempre en el caso de que finalmente consigas una incapacidad permanente) si se demuestra que el accidente laboral viene producido por la falta de medidas de seguridad, o lo que es lo mismo, por el incumplimiento en materia de prevención de riesgos laborales. Se incrementará tu prestación entre un 30 y un 50 por ciento.

El recargo de prestaciones es una responsabilidad directa de la empresa, nunca lo pagará la mutua, y tiene un carácter automático, ya que bastará acreditar el nexo causal entre la falta de medidas preventivas de seguridad y el accidente o enfermedad para que se reconozca de manera inmediata por la Seguridad Social. No hace falta demostrar que el empleador tenga la culpa, basta con la infracción por no cumplir con las medidas adecuadas de prevención.

Esto significa que:

- El empresario responde personalmente, con todo su patrimonio, de ese recargo.
- No puede asegurarse ni por mutuas ni por la Seguridad Social ni por seguros privados.
- Ni el Instituto Nacional de la Seguridad Social ni la Tesorería General de la Seguridad Social ni el Fondo de Garantía Salarial (Fogasa) responden subsidiariamente en caso de insolvencia total o parcial del empresario. El trabajador no cobraría el recargo hasta que pueda ejecutarse frente al patrimonio del empleador. Es una obligación de la que solo puede responder el empresario.

Los conflictos habituales a la hora de determinar este recargo de prestaciones son los siguientes:

- Acreditar la infracción de medidas de prevención.
- Discutir si la causa del accidente fue exclusiva de la empresa o concurrente con la imprudencia del trabajador.
- Determinar el porcentaje exacto (30, 40, 50 por ciento) según la gravedad.

Consejo: siempre que ocurre un accidente laboral y el trabajador considera que pueden existir deficiencias en materia de prevención de riesgos laborales, es necesario que se interponga la correspondiente denuncia en la Inspección de Trabajo, quien determinará si han existido falta de medidas de seguridad y la relación de causalidad entre estas y el daño sufrido por el trabajador. Cuanto antes se interponga la denuncia, antes acudirá la inspección y será más fácil poder acreditar el incumplimiento empresarial, si es que ha ocurrido.

Indemnizaciones civiles y penales por daños y perjuicios

Además de las prestaciones y del posible recargo de prestaciones, el trabajador puede reclamar:

- Indemnización por daños y perjuicios frente al empresario.
- Acciones penales si hubo imprudencia grave o delito contra la seguridad laboral (artículo 316 del Código Penal).

Aunque muchas veces se confunden, el recargo de prestaciones y la indemnización por daños y perjuicios son figuras distintas, con naturaleza, finalidad y consecuencias diferentes tal y como se observa a continuación:

- **Recargo de prestaciones (artículo 164 de la LGSS).** Se aplica cuando un accidente de trabajo o enfermedad profesional se produce por falta de medidas de seguridad.

- **Indemnización por daños y perjuicios (artículo 1.101 del Código Civil; responsabilidad contractual, y artículo 1.902 del Código Civil; responsabilidad extracontractual).** Se reclama cuando hay daño causado por acción u omisión culposa o negligente del empresario.

Mientras el recargo por prestaciones tiene una naturaleza sancionadora y automática que no puede ser cubierta por un seguro de responsabilidad civil, la indemnización por daños y perjuicios, bien sea por un incumplimiento civil o penal, tiene carácter resarcitorio y busca reparar el daño sufrido por el trabajador (físico, moral o patrimonial).

A pesar de las diferencias, estas dos figuras son compatibles entre sí, de manera que se podrá cobrar el recargo de prestaciones y reclamar, además, una indemnización por los daños y perjuicios ocasionados por el incumplimiento empresarial en materia de prevención de riesgos laborales. En este último supuesto, a todos los requisitos expuestos para el recargo de prestaciones, se le añade el dolo (la voluntad de engañar) o la culpa grave. Es de lo peor que le puede pasar a una empresa.

Por tanto, la indemnización por daños y perjuicios es una acción de responsabilidad civil/laboral que busca reparar íntegramente el daño. Hay que probar la culpa empresarial, y esta puede estar cubierta por seguros, debiendo ser exigida al empresario o, en su caso, al seguro de responsabilidad civil.

En definitiva, para cerrar el capítulo, la incapacidad temporal no es solo un tiempo de ausencia laboral, sino un instrumento de protección del trabajador frente a la enfermedad. Conocer su alcance y sus límites es la mejor forma de defender el derecho a sanar sin miedo a perder el trabajo.

9
HAY QUE DECIR ADIÓS

Todo tiene un final, incluso los famosos contratos indefinidos. Estos pueden terminarse de un día para otro a cambio de una indemnización pequeña. Partiendo de esta premisa, debemos concluir que llega un momento en toda relación laboral en el que la puerta se abre hacia fuera. A veces la empuja el trabajador, cansado de la rutina o con nuevas metas; otras, la empresa. En este capítulo vamos a analizar qué pasa cuando llega ese final.

«Mañana no vengas». Imagina que, después de ocho años trabajando, te sueltan una frase fría como esa. ¿Qué ha pasado? ¿Te pueden despedir así, sin más? En este apartado te voy a explicar de una manera concisa cómo funciona realmente el despido en España y qué pasos concretos debes dar si algún día te encuentras en esa situación. Extinguir una relación contractual no es lo mismo que romper sin más; tiene reglas, plazos y consecuencias, como veremos.

La baja voluntaria

Antes de adentrarnos en las decisiones empresariales por las que se pone fin a un contrato de trabajo, recuerda que a veces no te despiden, te vas tú. Has agotado el entusiasmo, la ilusión o simplemente te ha surgido una mejor oportunidad laboral que va a contribuir a tu crecimiento profesional. En la baja voluntaria el adiós parte de ti, comunicando a la empresa que has decidido poner fin a tu relación laboral. Renunciar, a veces, es una forma de valentía, de reconocer que el camino ya no te conduce a ningún sitio. En el mundo laboral, esa decisión tiene nombre técnico: baja voluntaria.

No hay drama, solo una carta, un preaviso y el derecho a marcharte con tu dignidad intacta, aunque sin paro ni indemnización. Esto último es importante, te vas con cero.

¿Qué requisitos debe reunir esta comunicación de baja voluntaria? Hay muchas formas de irse de un trabajo, pero solo una deja las puertas abiertas: avisando con respeto y con tiempo. Irte no tiene por qué ser un portazo; debe llevarse a cabo con un preaviso. En realidad, el preaviso es eso, la manera elegante de decir «me marcho, pero quiero hacerlo bien».

Cuando un trabajador decide poner fin a su relación laboral, debe comunicarlo por escrito, con una antelación razonable. Aunque el Estatuto de los Trabajadores no fija un plazo general, muchos convenios colectivos sí lo hacen. Lo habitual son 15 días naturales. Sirve para que la empresa se organice, busque un sustituto, cierre nóminas y tú puedas irte con la satisfacción de haber cumplido.

¿Qué debe tener una buena comunicación de baja voluntaria?

- **Debe ser escrita.** Lo ideal es una carta o un correo electrónico con constancia de recepción (burofax, acuse de lectura o copia sellada por la empresa).

- **Debe ser clara.** Evita rodeos o frases ambiguas para dejar explícito que se trata de una baja voluntaria y cuál será tu último día de trabajo.
- **Debe respetar el plazo.** Por norma general, como he comentado, son 15 días naturales de preaviso, salvo que el convenio colectivo o el contrato establezcan otro. Si no lo cumples, la empresa puede descontarte esos días del finiquito.
- **Debe conservarse una copia.** Guarda siempre prueba de haberla entregado, por si después hubiera dudas sobre fechas o pagos.

Aquí te dejo un modelo de carta de baja voluntaria:

[*Lugar y fecha*]

A la atención de: Departamento de Recursos Humanos
De: [*nombre y apellidos del trabajador*]
DNI:

Estimados señores:

Por la presente les comunico mi decisión de causar baja voluntaria en la empresa, conforme al artículo 49.1.d del Estatuto de los Trabajadores.

De acuerdo con el plazo de preaviso de 15 días naturales, la fecha efectiva de finalización de mi relación laboral será el [día/mes/año], siendo este mi último día de trabajo.

Durante este tiempo permaneceré a disposición de la empresa para facilitar el traspaso de mis funciones y garantizar una salida ordenada.

Solicito que, en la fecha indicada, se proceda a la liquidación del finiquito correspondiente, incluyendo salario pendiente, vacaciones no disfrutadas y pagas extraordinarias devengadas.

Agradezco sinceramente la oportunidad de haber formado parte de esta organización y les deseo los mayores éxitos en el futuro.

Atentamente,

[*Firma*]

[*Nombre y apellidos*]

En conclusión, la baja voluntaria es una forma de educación profesional. Además, realizarla correctamente evita algo que muchos no saben: encontrarte una sorpresa en el finiquito, porque si no lo haces así, se pueden descontar de tu nómina los días que falten de preaviso. Es decir, si te vas un día 5 avisando el día anterior, es posible que te vayas debiéndole dinero a la empresa, mucho cuidado con esto.

No superar el periodo de prueba

Podríamos resumir la no superación del periodo de prueba como ese breve idilio laboral en el que empresa y trabajador se miran, se prueban y, si no hay química, cada uno sigue su camino sin dramas (o casi). Es decir, permite comprobar la idoneidad recíproca entre empresa y trabajador, y si no cuaja, la relación se rompe sin necesidad de alegar causa.

Esta figura jurídica viene regulada en el artículo 14 del Estatuto de los Trabajadores, aunque a menudo el convenio colectivo aplicable también la regula. En tal caso, prevalece el plazo de duración establecido en el convenio si fija un máximo inferior al legal, por ser más favorable al trabajador.

La primera idea que debemos tener presente es que el periodo de prueba debe pactarse por escrito en el contrato, como cláusula específica, con un plazo de duración concreto. No basta con remitirse al plazo máximo legal o al del convenio sin concretar. Muchas cláusulas contractuales dicen algo como «según el máximo del convenio colectivo», sin especificar el periodo de duración. Pues todas esas cláusulas son nulas por ser contrarias a derecho.

El Tribunal Supremo ha venido manifestando que la cláusula que se limita a recoger expresiones tales como «lo que diga el convenio» es ineficaz si el convenio no predetermina un plazo único, sino solo máximos genéricos; por ejemplo, «hasta 2 meses», «hasta 6 meses», «hasta 1 mes en temporales de 6 meses o menos». ¿Por qué? Porque no fija claramente la fecha final de ese periodo de prueba. Y sin día límite predeterminado, la empresa no tiene un punto claro hasta el cual puede desistir libremente sin indemnizar al trabajador.

No obstante, hay un matiz importante: si el convenio fija un único plazo cerrado y específico para esa concreta categoría o puesto (por ejemplo, «para el grupo X: dos meses»), y el contrato remite inequívocamente a ese grupo y a ese plazo, entonces sí puede considerarse válida. Lo que es erróneo es que se refiera al convenio colectivo de forma genérica, sin especificar nada.

Otro supuesto de cláusula nula es intentar pactar un periodo de prueba con alguien que ya trabajó antes en la empresa haciendo las mismas funciones. En ese caso, sea cual sea la modalidad de contratación (incluida, por lo general, la prestación a través de una ETT con efectiva identidad funcional), no cabe «re-probar» lo ya probado. No se puede hacer un nuevo periodo de prueba para evaluar lo que ya se evaluó en el pasado.

Tras analizar estas causas de mal uso del pacto de prueba, la siguiente cuestión a plantear sería: ¿cómo debe redactar bien la empresa una cláusula de periodo de prueba? La clave está en analizar la categoría profesional del trabajador, comprobar los plazos máximos previstos en el artículo 14 del Estatuto de los Trabajadores y/o en el convenio colectivo, y seguidamente establecer un periodo concreto respetando esos límites. Por ejemplo: «Periodo de prueba: 45 días naturales». Siempre se computará por días naturales (no hábiles).

Los plazos máximos previstos en el artículo 14 del estatuto son:

- **Técnicos titulados:** hasta 6 meses.
- **Resto de trabajadores:** hasta 2 meses.
- **Empresas de menos de 25 trabajadores (personal no titulado):** hasta 3 meses.
- **Contratos temporales de 6 meses o menos:** máximo 1 mes (salvo que el convenio disponga otra cosa más favorable).

En definitiva, la categoría profesional del empleado y la duración del contrato (si es temporal de corta duración) determinan la duración máxima del periodo de prueba. Recuerda que la última palabra la tiene el convenio colectivo. Ahora bien, también debemos estar atentos al cómputo e interrupciones del periodo de prueba:

- **Cómputo:** como ya hemos adelantado, se cuenta por días naturales desde el inicio efectivo del trabajo (incluyendo fines de semana y festivos en el cómputo).
- **Interrupciones:** la incapacidad temporal (baja médica) y otros supuestos protegidos (maternidad/paternidad, riesgo durante el embarazo o la lactancia, violencia de género, etc.) pueden interrumpir el cómputo si así lo prevé el convenio o si lo acuerdan las partes. Es decir, esos días no contarían y el periodo de prueba se alargaría por el tiempo equivalente a la interrupción.

Durante el periodo de prueba ambas partes pueden poner fin a la relación laboral sin indicar causa alguna, sin preaviso y sin que la extinción suponga que la empresa deba pagar una indemnización. Su función es estricta: evaluar aptitud, rendimiento e integración. Usarlo para otros fines (represalias, rotaciones abusivas para cubrir puestos de forma encubierta, etc.) desnaturaliza el propio periodo de prueba y expone a la empresa a que se transforme en un despido y sea catalogado como improcedente o nulo.

¿Cómo debe comunicar la empresa que no se ha superado la prueba?

- **Forma:** lo prudente (y habitual) es comunicarlo por escrito, indicando la fecha de finalización y dejando claro que se extingue la relación por no superación del periodo de prueba (y que se está dentro del plazo pactado).
- **Plazo:** debe notificarse antes de que finalice el periodo pactado. Si se deja transcurrir ese plazo sin notificar nada, se entiende que la prueba se ha superado y ya no puede alegarse nada después. Ojo: si la cláusula de prueba era inválida (por duración excesiva, falta de forma, etc.), tampoco se puede usar este motivo; en ambos casos la consecuencia jurídica es que un cese posterior sería calificado como un despido improcedente.

Los efectos son:

- **Extinción inmediata** (o en la fecha indicada en la comunicación), sin derecho a indemnización legal.
- **Finiquito:** la empresa debe pagar los salarios pendientes hasta el último día trabajado, la parte proporcional de las pagas extras y las vacaciones devengadas y no disfrutadas.
- **Prestación por desempleo:** el trabajador puede cobrar el paro si tiene cotización suficiente acumulada y cumple los requisitos del SEPE. La extinción por no su-

perar la prueba no conlleva penalización en sí misma (no se considera baja voluntaria).

Ahora bien, incluso aunque estemos ante una cláusula de periodo de prueba válida, no todo vale. El desistimiento «libre» durante la prueba tiene límites constitucionales. Nunca cabe utilizar el periodo de prueba para discriminar o para vulnerar derechos fundamentales. Es decir, si la empresa te despide durante la prueba por un motivo prohibido (por ejemplo, porque la trabajadora se ha quedado embarazada o por represalia ante una queja), ese cese no sería legítimo por mucho que formalmente estemos en periodo de prueba. Podría declararse nulo.

Veamos los límites más importantes, con sus consecuencias si se vulneran:

- **Derechos fundamentales.** Si existen indicios de que el cese responde a un motivo prohibido por la Constitución o las leyes (discriminación por sexo, discapacidad, orientación sexual, origen racial, ideas, represalia por reclamar tus derechos, actividad sindical, etc.), entonces se invierte la carga de la prueba: la empresa debe acreditar que su decisión obedeció a razones legales (aptitud, rendimiento, integración) y no a esa razón discriminatoria. Si no lo logra, la extinción puede declararse nula, con readmisión del trabajador y abono de los salarios dejados de percibir.
- **Protección de embarazo y maternidad/paternidad.** El artículo 55.5 del Estatuto de los Trabajadores declara nulo el despido en determinados supuestos vinculados al embarazo, maternidad y paternidad (como veremos más adelante). El desistimiento en periodo de prueba no es técnicamente un «despido», pero en la práctica los jueces aplican la misma filosofía: si hay indi-

cios de conexión entre la decisión y un embarazo, una maternidad reciente o similar, cabe también la nulidad por discriminación. En otras palabras, que no te pueden echar durante la prueba por estar embarazada o de permiso; tendrían que demostrar que es por una causa que no tiene que ver con eso.

- **Personas especialmente protegidas.** Hablamos de representantes legales de los trabajadores (delegados de personal, miembros de comité), las víctimas de violencia de género que han ejercido derechos de protección laboral, etc. En esos casos, existe una tutela reforzada. Si hay indicios de que el cese está vinculado a esa condición especial, se declararía nulo.

Para cerrar este apartado, concluiré con los errores típicos con el periodo de prueba (y sus consecuencias):

- **No constar por escrito el pacto de prueba:** si no está por escrito, el periodo de prueba no existe. Un cese en ese tiempo se enjuiciará como un despido común, normalmente improcedente por falta de una causa objetiva.
- **Cláusula indeterminada (referencia genérica al convenio)**: si en el contrato se pacta un periodo de prueba sin fijar la duración exacta (solo diciendo «el máximo del convenio»), la cláusula es nula. Cualquier cese durante ese falso periodo de prueba se considerará un despido improcedente.
- **Comunicar la no superación fuera de plazo:** si dejas pasar el plazo pactado sin notificar nada y luego pretendes dar por no superada la prueba, ya es tarde. Se entiende que ha sido superada automáticamente; desde ese momento, cualquier cese exige causa válida y seguir el procedimiento de despido.

- **Repetir periodo de prueba con quien ya hizo esas funciones antes:** si intentas hacer pasar por «prueba» una relación laboral con alguien que ya desempeñó ese trabajo previamente, el pacto es inválido y el cese será un despido improcedente (o nulo si, además, hay móvil prohibido).
- **Usar la extinción contractual durante el periodo de prueba para deshacerse de personas que no interesan solo por motivos prohibidos (no declarados):** como dijimos, no motivar el despido cuando hay indicios de motivo ilícito es altamente arriesgado. Si el trabajador aporta evidencias de que fue por represalia o discriminación y la empresa no prueba lo contrario, ese despido será nulo.

¿Cómo puede impugnar el trabajador estos errores? A través del proceso por despido, con el plazo de caducidad de 20 días hábiles desde la fecha de cese (¡ojo con el reloj: son pocos días!).

¿El despido es libre?

A primera vista, en nuestro sistema «despedir no es libre: hace falta causa y forma». Efectivamente, la ley dice que todo despido debe fundarse en una causa legal (disciplinaria u objetiva) y además respetar ciertas formas (carta escrita, plazos, preaviso o indemnización cuando toca). Sin embargo, lo cierto es que la única consecuencia jurídica cuando el empresario despide sin causa real o saltándose las formas es, salvo las excepciones que luego veremos, tener que abonar una indemnización. Es decir, si el empresario quiere y si tu situación en el momento del despido no está especialmente protegida, puedes ir fuera solo con lo que te corresponda.

Por tanto, la conclusión es clara: si pagan, te vas. Esa es la paradoja española del despido: no es jurídicamente libre, pero poderoso caballero don dinero lo soluciona todo. Tu relación laboral se puede convertir en una cifra. En la práctica, el despido sí es libre para el empleador, aunque no es gratis: la libertad auténtica no es hacer lo que te da la gana, sino asumir las consecuencias de tus actos (pagar la indemnización). Solo hay un límite donde el despido deja de ser «posible» pagando: cuando es nulo, caso en el cual ni pagando se solventa (ya que obliga a la readmisión).

Los riesgos más habituales para la empresa cuando decide despedir a un trabajador son:

- **Riesgo de nulidad.** Si se despide vulnerando derechos fundamentales o en supuestos especialmente protegidos (embarazo, represalias por quejas, discriminación por cualquier motivo prohibido, violación de libertades públicas…), no vale lo de «pago y asunto arreglado». Un despido nulo significa readmisión obligatoria del trabajador y el abono de los salarios de tramitación.
- **Riesgo de improcedencia incierta.** La empresa, cuando despide sin causa sólida, a veces no sabe cuánto le costará realmente hasta el final. La indemnización por improcedencia depende de la antigüedad, del salario (base, pluses, variables…), así que calcularla *a priori* puede evitar sorpresas.
- **Riesgo reputacional y organizativo.** La plantilla observa cómo se corta el «vínculo» con un compañero. Despedir a la ligera puede afectar al clima laboral, a la confianza en la empresa e incluso a la imagen pública de la compañía. Este coste no sale en la sentencia, pero pesa en los resultados a largo plazo.
- **Riesgo regulatorio.** Un patrón de despidos discriminatorios o injustificados puede llamar la atención de la Inspección de Trabajo, acarrear sanciones administrativas,

provocar litigios múltiples o incluso conflictos colectivos si afecta a mucha gente.

Aunque la indemnización por despido improcedente está tasada (es decir, predeterminada por la ley), en algunos casos esa indemnización resulta muy baja. Por ejemplo, si el empresario despide sin alegar causa (o con una causa ficticia) a un trabajador con muy poca antigüedad, la indemnización que le corresponde es mínima. En tales supuestos, en la práctica el despido sale casi «gratis» y, en estos supuestos, sí parece realmente libre.

En otros países, se establece que si un despido es injustificado debe haber una «indemnización adecuada» u «otra reparación apropiada» para el trabajador. Es decir, se sugiere que, si la indemnización estándar no cubre el daño real, debería poder incrementarse. Esta idea aparece en el artículo 10 del Convenio 158 de la Organización Internacional del Trabajo (OIT) y en el artículo 24.b de la Carta Social Europea (revisada). Partiendo de ahí, algunos tribunales superiores de justicia en España llegaron a conceder una especie de plus indemnizatorio por encima de lo tasado en el artículo 56 del Estatuto de los Trabajadores (ET), cuando entendían que la indemnización legal resultaba insuficiente en casos concretos. Sin embargo, el Tribunal Supremo, en pleno, ha cerrado la puerta a ese plus en dos sentencias recientes:

- Sentencia de 19 de diciembre de 2024 (pleno): no se puede incrementar judicialmente la indemnización del artículo 56 del ET amparándose en el Convenio OIT 158 o la Carta Social. Esos textos no son directamente aplicables para superar la cuantía legal tasada; quien fija el sistema y los topes es el legislador español.
- Sentencia de 16 de julio de 2025 (pleno, rec. 3993/2024): reafirma lo mismo. Aunque hubo votos particulares de-

fendiendo posibles excepciones, la doctrina legal es clara: nada por encima de lo que dice el artículo 56 del ET en materia de indemnización por despido improcedente.

En resumen, lo que hay es lo que hay. Si llevas poco tiempo en la empresa, no te creas intocable.

Despido disciplinario vs. despido objetivo/colectivo

El despido puede definirse como la extinción unilateral de la relación laboral por decisión del empresario. No es una figura extraña en derecho: en el ámbito civil, si una parte incumple gravemente un contrato, la otra puede resolverlo (artículo 1.124 del Código Civil). En el derecho penal el castigo se llama pena, y en el derecho laboral la sanción más grave se llama despido disciplinario. Por ser la máxima sanción laboral, no todo incumplimiento justifica un despido. Para que este sea válido deben concurrir dos circunstancias fundamentales:

- **Grave:** que rompa la confianza, ese cemento de toda relación laboral. No vale un descuido menor ni un «se me olvidó fichar un día». Tiene que ser algo que haga saltar las alarmas: debe suponer una quiebra seria de la buena fe contractual.
- **Culpable:** que haya intención o, al menos, una desidia inaceptable por parte del trabajador. El despido disciplinario no se activa por un error inocente o una torpeza leve, sino cuando el trabajador sabía lo que hacía o actuó con negligencia muy grave.

En las sanciones laborales rige el principio de proporcionalidad: la sanción (y, en su caso, el despido) debe ajustarse a la gravedad real de lo ocurrido y a las circunstancias del caso. Las tres preguntas que debe formularse un empleador antes de decidir un despido, para hacer un buen test de proporcionalidad, son:

- ¿Qué pasó exactamente? Identificar el hecho concreto, con datos, no basarse en sensaciones o rumores.
- ¿Gravedad e intención del trabajador? Valorar si hubo dolo (intención) o una negligencia grave, o si fue un error aislado sin mala fe.
- ¿Hay alternativas menos drásticas? Preguntarse si en lugar de despedir se podría aplicar una medida menos lesiva: una amonestación, una suspensión de empleo y sueldo, un cambio de puesto, etc.

Si tras responder a estas preguntas la única opción razonable es terminar con todo, entonces el despido disciplinario sería el camino a seguir.

Ahora bien, no todo despido es disciplinario y obedece a una culpa del trabajador. Existe otra tipología: el despido por causas objetivas (y su variante colectiva). Mientras el disciplinario se basa en «te vas por lo que hiciste», el objetivo se fundamenta en «te vas por lo que nos pasa (como empresa)». En el primero manda la culpa y la inmediatez; en el segundo manda la necesidad empresarial, la planificación, la indemnización e incluso la negociación colectiva cuando afecta a varios trabajadores.

El despido objetivo es la extinción individual del contrato decidida por el empresario por causas legalmente tasadas, ajenas a la conducta del trabajador, que hacen imposible o irracional la continuidad de la relación laboral. Estas causas, recogidas en el artículo 52 del Estatuto de los Trabajadores, pueden ser de carácter económico, técnico, organizativo o de producción (las famosas «causas ETOP»), así como otras específicas (por ejemplo, la ineptitud sobrevenida del trabajador, la falta de adaptación a modificaciones técnicas razonables, la insuficiencia de consignación presupuestaria en el sector público, etc.). Si tu jefe te despide de manera objetiva, te está diciendo: «No eres tú, soy yo». Al final, a diferencia del despido disciplinario, este despido se basa en problemas o cambios en la empresa. No has hecho nada malo, en principio.

A veces, el número de trabajadores afectados determina que el despido objetivo se convierta en un despido colectivo; un ERE, para entendernos. Son dos versiones de un mismo fenómeno con igual fundamento: las causas ETOP mencionadas. La diferencia está en a cuántas personas afecta y en cómo debe hacerse el proceso.

En resumen, las tipologías fundamentales de despido son dos: el disciplinario (por incumplimiento grave del trabajador) y el objetivo (por necesidades o circunstancias de la empresa). Si el despido objetivo afecta a muchos trabajadores, por encima del límite legal, se transforma en despido colectivo y exige un trámite especial.

Muchos trabajadores se sorprenden cuando reciben la carta de despido y exclaman indignados: «¡Ni siquiera me han avisado con tiempo!». Esta queja es común, pero conviene distinguir: el despido disciplinario no requiere preaviso, mientras que el objetivo sí. Otro de los comentarios que escucho en el despacho cuando el despido es objetivo y solo se basa en circunstancias de la empresa: «Pero ¡si no he hecho nada malo!». Por eso conviene diferenciarlos en cuanto a su procedimiento:

- **En el despido disciplinario,** el empresario no tiene por qué darte margen de reacción porque se trata de una «emergencia laboral». Si el trabajador ha cometido una falta grave y culpable, el despido disciplinario funciona como una alarma de incendio: se activa en el momento en que ocurre o se conoce la falta. No hay preaviso de 15 días ni indemnización en ese momento, porque la empresa considera insostenible mantenerte un solo día más; el vínculo de confianza se ha roto de forma inmediata. Es más, en muchos casos el empresario despide en caliente, lo antes posible tras el hecho, para dar ejemplo o evitar perjuicios mayores. Aunque siempre es recomendable mantener la calma y hacer las cosas bien, incluso en despidos disciplinarios, como luego veremos con la carta y el nuevo «trámite de audiencia».

Es importante recordar que el plazo de prescripción que tiene la empresa para sancionar son 60 días naturales, es decir, que si la falta del trabajador se cometió en un periodo anterior a esos 60 días habrá prescrito la posibilidad de sancionar y finalmente el despido será calificado como improcedente por muy graves que fueran los hechos del trabajador. Aunque en este caso también hay dos excepciones fundamentales: la ocultación de la falta por parte del trabajador y las faltas continuadas. Has podido insultar a tu jefe de diez formas distintas y en diez idiomas, que si te despiden después de más de dos meses, encima te tendrá que pagar una indemnización.

- **En el despido objetivo (o el colectivo),** la historia es distinta. Aquí no hay culpa del trabajador, hay circunstancias objetivas que justifican la extinción. La empresa no te despide por portarte mal, sino porque no puede o no necesita mantener tu puesto. En estos supuestos, la ley compensa con tiempo o con dinero: debe haber un preaviso de 15 días antes del efecto del despido (o pagar esos 15 días si quiere que el despido sea inmediato), para que tengas un colchón temporal y puedas reorganizar tu vida. Además, desde el primer momento, la empresa tiene que poner a tu disposición la indemnización legal de 20 días por año (en el despido objetivo individual). Si el problema es mayor y afecta a muchos trabajadores, hablamos de despido colectivo, y el aviso se convierte en un periodo de consultas y negociación formal con los representantes de los trabajadores, que suele durar como mínimo un mes, seguido de comunicaciones individuales si procede. En los colectivos, la indemnización mínima es la misma (20 días por año), pero frecuentemente se pactan mejoras.

Para clarificar, aquí tienes un esquema con las características de cada uno:

Aspecto	Despido objetivo (individual)	Despido colectivo (ERE)
Causa	Económica, técnica, organizativa o de producción (causas ETOP).	Las mismas causas (ETOP).
A quién afecta	A uno o pocos trabajadores (por debajo de los umbrales legales del artículo 51 del Estatuto de los Trabajadores).	A varios trabajadores, alcanzando los umbrales del artículo 51 del Estatuto de los Trabajadores (depende del tamaño de la empresa y del número de afectados).
Procedimiento	Carta individual al trabajador + 15 días de preaviso + indemnización legal (puesta a disposición simultánea).	Comunicación y negociación colectiva: periodo de consultas con representantes de los trabajadores + comunicación final a la autoridad laboral. Luego, carta de despido individual a cada afectado reflejando el acuerdo o las condiciones decididas.

→

Aspecto	Despido objetivo (individual)	Despido colectivo (ERE)
Indemnización	20 días por año trabajado (máximo 12 mensualidades). Pago obligatorio junto con la carta. Si no se paga o no hay causa, el despido será improcedente, aunque hay excepciones.	Base mínima de 20 días/año (máximo 12 mensualidades). A menudo, mejorada por acuerdo en la negociación (por ejemplo, 33 días/año o más). Si el ERE no sigue el cauce legal o las causas no eran ciertas, puede ser impugnado y declarado nulo o improcedente (según el caso).

El «trámite de audiencia» en el despido disciplinario

Esta es una novedad reciente digna de mención que cambia en parte lo dicho sobre la inmediatez del despido disciplinario. La sentencia del Tribunal Supremo de 18 de noviembre de 2024 (pleno) ha fijado que antes de acordar un despido disciplinario la empresa debe abrir un breve «trámite de audiencia» previa (una especie de «expediente contradictorio» simplificado) para que la persona trabajadora conozca los hechos imputados y pueda defenderse antes de la decisión extintiva. En otras palabras, incluso para un despido disciplinario ahora se exige escuchar al trabajador previamente para darle la posibilidad de defenderse antes del despido. Por cierto, solo se aplica a despidos disciplinarios efectuados desde el 18 de noviembre de 2024 en adelante.

¿Cómo se realiza este trámite de audiencia? No se establece un procedimiento cerrado, pero lógicamente implica comunicar al trabajador los hechos que se le imputan y darle un plazo breve para que alegue lo que considere. Puede ser algo tan sencillo como entregarle una carta de «intención de despido» con los cargos y darle, por ejemplo, 48 horas para responder por escrito o en una reunión. Lo importante es que quede constancia de que pudo dar su versión antes de la decisión final. Esto está pensado para despidos que se producen por malentendidos. Si la empresa quiere despedirte, lo va a hacer. Por el mero hecho de que te defiendas, no van a esfumarse las ganas de tu jefe de terminar con la relación laboral. Ahora bien, si eres capaz de demostrar que lo ocurrido ha sido meramente una falta de comunicación, igual el despido se paraliza y esta audiencia tiene sentido.

¿Qué pasa si falta ese expediente de audiencia? Si la empresa se salta a la torera esto, conlleva la improcedencia del despido disciplinario. Es decir, un despido disciplinario efectuado sin haber dado audiencia previa al trabajador será declarado improcedente en un juicio, aun cuando el despido estuviese fundado en una razón lógica y legal. Volvemos al ejemplo de antes: puedes insultar a tu jefe de diez formas distintas y en diez idiomas distintos, que si no te abre un procedimiento de audiencia antes del despido, encima te tendrá que pagar una indemnización.

Es importante destacar que esta exigencia establecida por el Tribunal Supremo se refiere solo al despido disciplinario. Para otro tipo de sanciones laborales menos gravosas que el despido (suspensión de empleo y sueldo) en principio no sería obligatoria la audiencia previa (salvo que el convenio colectivo diga lo contrario). No obstante, hay dos grandes excepciones históricas que ya obligaban a un «expediente/ audiencia» en estas sanciones:

- Cuando la persona sancionada es representante legal de los trabajadores, el artículo 68 del Estatuto de los Trabajadores exige un expediente contradictorio para faltas graves o muy graves (básicamente, hay que oír también al resto de representantes o al sindicato).

- Cuando el convenio colectivo establece un procedimiento sancionador interno. Por ejemplo, algunos convenios prevén que para sanciones graves se debe informar por escrito al trabajador de los hechos y dar un número determinado de días para alegaciones.

La carta de despido

Pasemos ahora a la forma escrita del despido: la carta. Antes de adentrarnos en los secretos del procedimiento judicial para impugnar un despido, conviene detenernos en los requisitos formales de la carta de despido, ya que un alto porcentaje de errores empresariales vienen de una carta mal hecha.

Esta carta debe ofrecer una motivación suficiente y verificable. ¿Qué significa eso?

- **Tiene que detallar de forma clara y concreta los hechos que motivan el despido:** qué ocurrió, cuándo, dónde y cómo sucedió.
- **Identificar la causa legal aplicable.** Por ejemplo, si es disciplinario, mencionar el artículo 54 del Estatuto de los Trabajadores (ET) y la falta concreta; o si es objetivo, el artículo 52 del ET y la causa económica/organizativa/etc. que corresponda.
- **La fecha de efecto del despido.** Es decir, cuándo deja de trabajar la persona. Esta precisión no es un formalismo vacío: es importante que, a través de estas obligaciones de la empresa, puedas defenderte como trabajador; sin estos detalles no podrías saber por qué te están despidiendo.

Además, rigen dos principios fundamentales respecto a la carta: la congruencia y la inmutabilidad. Esto significa que el empresario no podrá, luego en el juicio, sacar de la manga hechos o causas distintas a las que figuren en la carta. Lo que no esté en la carta, no existe en el proceso. Si el empresario intentase alegar en sede judicial motivos diferentes, se consideraría que dejó indefenso al trabajador (violando el artículo 24 de la Constitución), y ello por sí solo bastaría para declarar improcedente el despido.

Estos requisitos formales son comunes tanto a los despidos disciplinarios como a los objetivos o colectivos. Ahora bien, hay particularidades según el tipo de despido:

- En el despido objetivo individual, la carta debe entregarse con 15 días de preaviso antes de la fecha final, o abonar esos 15 días si se quiere que el despido sea inmediato. Además, debe incluir la puesta a disposición de la indemnización legal de 20 días por año (salvo que esté exento, como en despidos por falta de financiación en entes públicos). Si la empresa no abona esa indemnización en el momento de la comunicación, el despido objetivo podrá ser declarado improcedente por fallo de forma, a menos que alegue y pruebe una causa de no pago válida.

- En el despido colectivo, tras toda la negociación, a cada trabajador afectado se le entrega una carta individual. En ella deben reflejarse las causas acordadas en el periodo de consultas, los criterios de selección de personal aplicados y la fecha de salida (o calendario si son escalonadas). Vamos, anclar la decisión individual en lo que se negoció colectivamente.

- En cualquier caso, imprecisiones, vaguedades u omisiones importantes en la carta suelen conducir a la declaración de improcedencia. Por ejemplo, si la carta disciplinaria dice «por bajo rendimiento» sin más detalle ni fechas, o si la carta objetiva se limita a afirmar «por razones económicas» sin explicar la situación, esos despidos se anulan en sede judicial por falta de contenido mínimo.

Las causas más comunes del despido disciplinario

Veamos ahora, a modo de guía, las causas más comunes que suelen alegarse en un despido disciplinario, es decir, las faltas graves típicas que recoge el Estatuto de los Trabajadores en el artículo 54, aunque muchas veces desarrolladas con más detalle en los convenios colectivos:

- **Ausencias o impuntualidad reiteradas.** No es «un día llegué tarde», sino una suma de plantones o retrasos frecuentes sin justificación. La falta de asistencia continuada mina la confianza y entorpece la organización.
- **Indisciplina o desobediencia.** Te dan una orden lícita y razonable de trabajo, y tú respondes con un «no, porque no» o ignoras sistemáticamente las instrucciones. Esto rompe la básica subordinación del contrato laboral.
- **Ofensas verbales o físicas al empleador, compañeros o clientes.** Desde insultos graves o amenazas hasta agresiones. Un calentón que cruza la línea del respeto puede justificar un despido, especialmente si genera un entorno conflictivo o inseguro.
- **Transgresión de la buena fe contractual y abuso de confianza.** Aquí caben los «truquitos» desleales: manipular el registro de horas (fichar por un compañero, por ejemplo), llevarse material o dinero de la empresa, filtrar datos confidenciales, usar recursos de la empresa para fines propios, etc. La confianza es el pega-

mento de la relación laboral; si la disuelves con engaños, el contrato se cae.

- **Disminución continuada y voluntaria del rendimiento.** Bajar el pistón a propósito y de forma prolon-
gada. No hablamos de un bache puntual o de no dar más
de si en un pico de trabajo, sino de rendir significativamente por debajo de lo normal o pactado de forma de-
liberada y persistente.

- **Embriaguez habitual o toxicomanía (drogadic-
ción) si afecta al trabajo.** No se trata de la copa de la
comida de Navidad, sino de un patrón continuado de
alcoholismo o consumo de drogas que repercute negati-
vamente en el desempeño o pone en riesgo la seguridad
propia o ajena en el trabajo.

- **Acoso sexual o por razón de sexo, y también por
motivos de origen racial, convicciones, discapacidad, edad, orientación sexual, etc.** Las conductas de
acoso graves ejercidas por un trabajador contra cualquier
persona en el entorno laboral (compañeros, subordinados) son causa inmediata de despido disciplinario. Aquí
la tolerancia es cero.

Cualquier causa que se alegue en una carta de despido disciplinario está presidida por una regla fundamental: la tipicidad.
Esto significa que la conducta imputada debe encajar exactamente en una falta prevista en la ley o en el convenio. No
basta con que algo «nos parezca mal» de forma genérica; tiene
que existir un precepto (legal o convencional) que califique ese
comportamiento de incumplimiento grave. Por eso, las cartas
suelen mencionar, además de los hechos, qué artículo del Estatuto de los Trabajadores o del convenio consideran vulnerado.

Y si reclamamos, ¿qué puede ocurrir?

¡Ojo con el reloj! Si te despiden y decides reclamar, recuerda que el plazo es muy breve: 20 días hábiles desde la fecha del despido para presentar la papeleta de conciliación o la demanda. Pasado ese plazo, ya no hay nada que hacer: el derecho caduca y el despido es firme aunque fuera injusto.

Supongamos que impugnas tu despido. En el proceso judicial, el resultado puede ser uno de estos tres:

- **Nulo:** que te den la razón y además se estime que el despido vulneró algún derecho fundamental o fue en una situación especialmente protegida. Consecuencia: readmisión obligatoria en tu puesto, además del pago de los salarios de tramitación (los sueldos que dejaste de percibir desde el despido hasta la sentencia).
- **Procedente:** que el juez considere que la empresa tenía razón (la causa era real y grave, y se hizo todo correctamente). Consecuencia: el despido se declara válido, sin derecho a indemnización ni salarios de tramitación (salvo los que ya te hubieran ofrecido en un despido objetivo, claro).
- **Improcedente:** que algo falle (ya sea la causa, que no se pudo probar o no era suficiente; o la forma, que la carta tuviera defectos, etc.). Consecuencia: el juez declara el despido improcedente y da a elegir a la empresa entre readmitirte (volver al trabajo pagando los salarios dejados de percibir) o indemnizarte (abonarte la indemnización legal que corresponda por despido improcedente: 33-45 días por año, según antigüedad).

Dejaremos el despido nulo para el siguiente epígrafe, pues es un poco más complicado, y nos centraremos en analizar la diferencia entre procedente e improcedente.

Ya hemos repasado las consecuencias directas del despido improcedente, pero hay dos casos claros en que la opción de readmitir o indemnizar no la tiene la empresa, sino el trabajador despedido:

- Cuando el despedido es representante de los trabajadores, delegado sindical o delegado de prevención (por su especial posición protegida). Es decir, él decide si prefiere la readmisión o la indemnización. Si no manifiesta preferencia en cinco días, se entiende que quiere volver al trabajo (readmisión). En cualquiera de los dos casos, la empresa debe pagarle los salarios de tramitación.
- Cuando la readmisión es imposible o el empresario incumple la readmisión. Esto sucede en la fase de ejecución de la sentencia. Es decir, el empleado ha ganado el juicio pero la empresa no lo readmite en condiciones (por ejemplo, no le reincorpora realmente, o el puesto ya no existe). En ese caso, el trabajador puede pedir al juzgado que se extinga la relación laboral. El juez entonces puede ordenar que, en lugar de readmitir, la empresa le pague la indemnización como si fuese improcedente (y salarios de tramitación correspondientes). En la práctica, en estos casos extremos, la opción final la acaba teniendo también el trabajador, porque es él quien solicita esa extinción indemnizada ante el incumplimiento empresarial.

Una cuestión práctica: el desempleo. Si el despido (sea procedente u improcedente con indemnización) pone fin a la relación laboral, podrás cobrar el paro si tienes cotizaciones suficientes acumuladas (da igual la calificación, lo importante es que no te fuiste voluntariamente). Si, en cambio, tras el juicio te readmiten, entonces no hay situación legal de desempleo, y si llegaste a cobrar paro que sepas que será como si nunca lo hubieses cobrado, como si hubieras cobrado paro sin gastarlo. En los despidos objetivos sucede lo mismo: termina el contrato con indemnización de 20 días y, cumplidos los requisitos, puedes pedir el paro. Recuerda: en la baja voluntaria no tienes derecho a paro, por eso es importante distinguir.

¿Y las costas del juicio? Mucha gente teme tener que pagar al abogado de la empresa si pierden. Tranquilidad, en los juicios laborales en primera instancia casi nunca hay condena en costas, salvo que el juez aprecie mala fe o temeridad (es decir, que tu demanda fuera un despropósito insostenible). En caso de que recurras la sentencia, si tu recurso se desestima totalmente, sí te pueden imponer costas, normalmente a la parte empresarial, pero moderadas (con unos límites de cuantía que marca la ley). Además, para las empresas existe la obligación de adelantar el importe de la condena e ingresar un depósito al recurrir, lo que no se aplica a los trabajadores. Los trabajadores están exentos de depósitos para recurrir y solo se les imponen costas si litigaron con temeridad manifiesta.

En resumen: si reclamas de buena fe, el riesgo económico en costas es prácticamente nulo. Y el derecho al desempleo, como hemos dicho, depende de que la relación termine y de tus cotizaciones, no de que el despido sea procedente o improcedente.

¿Qué indemnización te corresponde por la extinción de tu contrato laboral?

Como adelantamos, la indemnización depende de la causa de extinción del contrato. Vamos a repasar todos los supuestos principales (incluyendo algunos que no hemos detallado antes en profundidad) para que tengas una visión global:

- **Despido disciplinario procedente:** 0 días. Al ser por causa grave y culpable demostrada del trabajador, no hay derecho a indemnización. Solo te pagan el finiquito de las partes proporcionales pendientes.
- **Despido disciplinario u objetivo declarado improcedente:** 33 días de salario por año trabajado, con tope de 24 mensualidades. Si tienes antigüedad anterior al 12 de febrero de 2012, esa parte antigua se calcula a razón de 45 días por año con tope de 42 mensualidades, y la antigüedad posterior a 33 días por año, con un tope conjunto generalmente de 720 días, salvo que la parte de 45 días ya supere ese límite, en cuyo caso se respeta hasta el máximo de 42 mensualidades.
- **Despido objetivo procedente (por causas ETOP, ineptitud sobrevenida, falta de adaptación, etc.):** 20 días de salario por año trabajado, con tope de 12 mensualidades, más 15 días de preaviso (o su compensación en dinero si el despido es inmediato). La indemnización de 20 días debe ofrecerse al trabajador en el momento de la comunicación.
- **Despido colectivo (ERE) acordado:** por ley, mínimo 20 días por año (tope 12 meses), pero en la práctica suele mejorarse por acuerdo con los representantes de los trabajadores. Por ejemplo, indemnizaciones de 33 días por año u otras cantidades. Si, posteriormente, un trabajador impugna individualmente su despido colectivo y el juez lo declara improcedente (o si se declara improcedente/nulo a nivel colectivo), la indemnización pasa al régimen general de improcedencia (33/45 días).
- **Despido nulo:** no hay indemnización sustitutoria. La consecuencia es la readmisión obligatoria, con abono de los salarios de tramitación (salarios dejados de percibir durante el periodo de despido). Solo cabría hablar de indem-

nizaciones por daños y perjuicios adicionales si el trabajador las reclama expresamente; por ejemplo, por daño moral en caso de vulneración de derechos fundamentales.

- **Resolución del contrato por voluntad del trabajador (artículo 50 del Estatuto de los Trabajadores) con causa justificada:** este es el caso en que el trabajador «se despide» con derecho a indemnización porque el empresario incumplió gravemente (impagos prolongados, acoso laboral, etc.). La indemnización es la misma que la del despido improcedente (33/45 días por año).
- **Extinción por traslado geográfico (artículo 40 del ET):** si te niegas a un traslado que implica cambio de residencia, tienes derecho a extinguir tu contrato con una indemnización de 20 días por año (máximo 12 meses).
- **Extinción por modificación sustancial de condiciones (artículo 41 del ET):** si te perjudican gravemente las nuevas condiciones y optas por irte, indemnización de 20 días por año (tope de 9 meses).
- **Fin de contrato temporal (cuando expira el plazo o termina la obra/servicio válidamente):** 12 días por año trabajado prorrateados por los meses trabajados. Nota: actualmente son 12 días por año; antes de 2015 eran 8 días por año, pero subió progresivamente.
- **No superación del periodo de prueba:** 0 euros. Aquí no hay derecho a indemnización, puesto que se considera que ambas partes aceptaron esa posibilidad al iniciar la relación. Eso sí, como hemos mencionado, cuidado con usos fraudulentos o discriminatorios de esta figura, que podrían dar lugar a nulidad o improcedencia.
- **Dimisión/baja voluntaria:** 0 euros, y en general sin derecho a paro, porque es el trabajador quien decide irse. Solo cobras el finiquito estándar de partes proporcionales pendientes.

- **Muerte, jubilación o incapacidad del empresario cuando implica cierre de la empresa:** una mensualidad de salario. Este supuesto es poco común, aunque está previsto en el artículo 49.1.g del ET.
- **Fuerza mayor con autorización administrativa (artículo 51.7 del ET):** 20 días por año (tope 12 meses), cuando la autoridad laboral autoriza a la empresa a extinguir los contratos por causa de fuerza mayor. Por ejemplo, la destrucción de las instalaciones por un suceso imprevisible.

Es importante no mezclar dos conceptos diferentes: salarios de tramitación con indemnización. Como ya se ha explicado, los salarios de tramitación son esos sueldos acumulados entre el despido y la sentencia; solo se pagan si hay readmisión, bien porque el despido fue nulo, bien porque tras un improcedente la empresa —o el trabajador, en los casos especiales— elige readmitir. La indemnización tiene carácter compensatorio.

El despido nulo

Llegamos al caso especial en el que despedir no es cuestión de dinero ni de formas, sino una cuestión de derechos fundamentales. Hablemos del despido nulo.

Por decirlo coloquialmente, es un despido prohibido, es decir, se produce cuando la extinción de la relación laboral se lleva a cabo por una causa ilegal tan grave que directamente hace que el despido se anule. Normalmente por ser discriminatoria o violar derechos fundamentales del trabajador. En términos legales, el artículo 55.5 del Estatuto de los Trabajadores establece que será nulo el despido que tenga por motivo alguna de las causas de discriminación prohibidas en la Constitución o en las leyes, o aquellos que se produzcan con violación de derechos fundamentales y libertades públicas del trabajador.

¿Qué implica exactamente que un despido sea nulo? A diferencia del improcedente (que se compensa con dinero si el empresario lo prefiere), es como si el despido nunca hubiera ocurrido. Es decir, el trabajador tiene derecho a reincorporarse a su puesto en las mismas condiciones que tenía, y la empresa debe abonarle todos los salarios dejados de percibir desde la fecha del despido hasta la readmisión (los famosos salarios de tramitación). Además, tendrá que cotizar por ese periodo como si el trabajador hubiera estado en activo. Es la forma en que el ordenamiento deshace el despido ilegal: retrotrae la situación a como estaba antes.

Podemos imaginar el despido nulo como el área de seguridad del derecho del Trabajo, una línea roja que el empresario no puede traspasar, no importa cuánta indemnización ofrezcas; no puedes librarte de ese trabajador: debes readmitirlo. Es, en esencia, una protección eficaz frente a decisiones meramente discriminatorias.

Algunos ejemplos claros de situaciones que desembocan en despido nulo: echar a una trabajadora por estar embarazada, despedir a un empleado por haber reclamado judicialmente contra la empresa (represalia), despedir a alguien por su orientación sexual o por su ideología política, o despedir a un representante sindical para quitarlo de en medio. Todos esos motivos tocan intereses superiores (igualdad, no discriminación, tutela judicial efectiva, libertad sindical...) que el ordenamiento protege especialmente.

¿Cuáles son esos derechos fundamentales? Como comentaba, aquellos recogidos en la Constitución y desarrollados en leyes. En el contexto de un despido, los más relevantes que pueden verse comprometidos son:

- **El derecho a la igualdad y a no ser discriminado (artículo 14 de la Constitución).** Esto abarca la no discriminación por razón de sexo, raza, origen étnico, edad, estado civil, orientación sexual, religión o convicciones, opiniones políticas, discapacidad, etc. Un despido motivado por cualquiera de estos factores está vetado. Por ejemplo, sería ilegal despedir a alguien por ser VIH positivo (discriminación por salud/discapacidad) o por cumplir sesenta años (discriminación por edad).

- **Derechos vinculados a la maternidad, paternidad y conciliación.** Aquí entraría la protección de las trabajadoras embarazadas, de los trabajadores que están de permiso de maternidad/paternidad, o quienes han solicitado/ejercido su derecho a la conciliación familiar. El despido de una trabajadora desde el inicio del embarazo hasta ciertos meses tras el parto, así como el de quienes estén disfrutando (o acaben de disfrutar) de permisos de nacimiento y cuidado de un menor, excedencias por cuidado de hijos o familiares, reducción de jornada por lactancia o cuidado de un menor/enfermo, se consideraría nulo. Todos estos supuestos tienen amparo especial en el artículo 55.5 del Estatuto de los Trabajadores y en la normativa de igualdad.

- **La garantía de indemnidad.** Este es el nombre técnico de la protección contra represalias por ejercer derechos. Si un trabajador reclama contra la empresa (por ejemplo, presenta una demanda por salarios impagados, denuncia acoso, acude a la Inspección de Trabajo, etc.), el empresario no puede castigarle despidiéndole por eso. Si lo hace, vulnera el derecho fundamental a la tutela judicial efectiva (artículo 24 de la Constitución) en su vertiente de indemnidad. Un despido como represalia por haber exigido nuestros derechos es nulo.

- **Libertad sindical y derecho de huelga (artículo 28 de la Constitución).** Despedir a alguien por afiliarse a un sindicato, por ejercer de delegado sindical, por participar en elecciones sindicales o por secundar una huelga legal es un atentado a estas libertades colectivas fundamentales. Por tanto, esos despidos serían nulos. También se incluye aquí la protección de los representantes de los trabajadores: si la empresa despide a un representante por motivos relacionados con su cargo o sin seguir el procedimiento especial, estaremos ante un posible despido nulo.
- **Derechos de intimidad, dignidad, integridad física y moral (artículos 18 y 15 de la Constitución).** Aunque estos despidos son menos frecuentes en la práctica, podrían darse casos de vulneración de estos derechos. Por ejemplo, si el despido viene motivado por haberse negado el trabajador a un requerimiento del empresario que violaba su intimidad (imaginemos que la empresa pretendía difundir datos personales del empleado y este se opuso, y por eso lo despiden). O pensemos en un despido que oculte en realidad un caso de acoso laboral o sexual: el trabajador acosado es despedido tras sufrir humillaciones, etc. Ahí se estarían lesionando su dignidad e integridad moral. Cualquier conexión del despido con una vulneración de estos derechos daría lugar también a la nulidad.
- **Otros derechos fundamentales que, según las circunstancias, pueden estar implicados: la libertad de expresión (artículo 20 de la Constitución).** Por ejemplo, si despiden a alguien por opinar algo públicamente que disgusta a la empresa, siempre que esa opinión esté protegida como libertad de expresión. O si alguien es despedido por practicar una religión determinada (libertad de conciencia) o por negarse a hacer algo

contra sus convicciones éticas, dentro de lo protegido por la ley (objeción de conciencia). No son supuestos tan habituales, pero conviene tenerlos en mente: si el motivo real del despido es castigar el ejercicio legítimo de una libertad o derecho básico, estaremos ante un despido nulo.

En la legislación laboral española reciente se han ampliado y detallado algunos supuestos de nulidad para proteger estos derechos. Por ejemplo, actualmente se considera automáticamente nulo (salvo prueba de causa objetiva ajena) el despido de mujeres víctimas de violencia de género cuando hacen uso de sus derechos laborales específicos (reducción de jornada, cambio de centro, ausencias justificadas). Y las reformas en materia de conciliación (como el RDL 5/2023) han reforzado esta red de protección, dejando menos resquicios para despidos encubiertamente discriminatorios.

En resumen, los derechos fundamentales que se pueden ver comprometidos en un despido (y provocar su nulidad) son aquellos relacionados con la igualdad y no discriminación, las libertades básicas (expresión, sindical, huelga), la protección de situaciones vitales especialmente sensibles (maternidad, enfermedad, violencia de género) y la prohibición de represalias por ejercer derechos. Si el despido se produce por alguno de esos motivos, por mucha causa «oficial» que alegue la empresa, se considerará un despido radicalmente inválido.

Pero, en cualquiera de estos casos, ¿cómo se defiende un trabajador para lograr que su despido sea reconocido como nulo?

Aquí la clave está en destapar el motivo oculto y encuadrarlo en uno de esos terrenos prohibidos que acabamos de repasar. Ningún empresario va a poner en la carta: «Te despido por estar embarazada» o «te echo por sindicalista». Aducirá una causa aparentemente neutra (por ejemplo, bajo rendimiento o reestructuración). La tarea del trabajador y su abogado es reunir indicios que convenzan al juez de que, en realidad, el despido obedeció a un motivo ilícito.

Algunas estrategias concretas de defensa serían:

- **Resaltar las coincidencias sospechosas en el tiempo.** Las proximidades temporales son a menudo la mejor prueba. Ejemplos: comunicaste tu embarazo a la empresa y, a las dos semanas, te despiden cuando nunca antes hubo quejas de tu desempeño. O presentaste una reclamación de cantidad o denunciaste un incumplimiento, y al poco tiempo te cae una carta de despido disciplinario por una falta menor. Estas proximidades temporales se pueden convertir en sospechas. Por eso, deberías incluir en tu demanda una línea temporal de hechos: cuándo ejerciste tal derecho o ocurrió tal circunstancia protegida, y cuándo te despidieron.

- **Comparaciones y tratos diferenciales.** Otra táctica es demostrar que el despido solo te afectó a ti en circunstancias que hacen pensar en discriminación. Por ejemplo, la empresa hace un «despido objetivo por bajas médicas excesivas» y resulta que solo despiden a los mayores de cincuenta y cinco años, o solo a la gente que estaba de baja por enfermedad grave. O despiden «por rendimiento» únicamente a los padres recientes que disfrutan de reducciones de jornada, mientras otros con igual rendimiento se quedan. Si puedes presentar evidencia (*emails*, listas de despedidos, testigos) de que se ha aplicado un doble rasero tocando un factor sensible, tienes mucho ganado.

- **Documentar cualquier indicio directo.** A veces existen meteduras de pata de la empresa que ayudan: comentarios de un superior tipo: «Con tanto niño enfermo faltas mucho, así no podemos seguir» (lo que indica molestia por tus responsabilidades familiares), o un *whatsapp* en el que recursos humanos te cuestiona: «Pero ¿vas a coger el permiso de lactancia?», y luego te despiden. Estos elementos, aunque no sean una confesión explícita, sí suman indicios de una motivación espuria. Guarda todos esos mensajes, correos o incluso testimonios de compañeros que puedan acreditar ese ambiente.

- **Citar la normativa y la carga de la prueba.** En tu demanda o en el acto de juicio, haz valer que ante los indicios aportados, corresponde a la empresa demostrar que te despidió por causas objetivas y lícitas totalmente ajenas al motivo discriminatorio. Es decir, invierte la carga: que sea la empresa la que se vea obligada a convencer al juez de que, por ejemplo, tu despido por «causas organizativas» realmente obedecía a una necesidad cierta y no a que volvías de la baja maternal. Muchas veces, esa carga es difícil de superar si tus indicios son sólidos.

- **No olvidar la vía de los daños morales.** Si estás alegando vulneración de derechos fundamentales, puedes reclamar no solo la nulidad y salarios, sino también una indemnización adicional por daño moral. Es importante mencionarlo y cuantificarlo (aunque sea estimativamente) en la demanda, para que el juez, además de declararlo nulo, pueda condenar a la empresa a pagarte una cantidad extra. Esa cuantía la suele determinar el juez según la gravedad, duración del proceso, perjuicios causados, etc., y puede basarse en criterios como los que marca la Ley de Infracciones y Sanciones (multa equivalente) o la jurisprudencia del Supremo. No siempre se concede, pero pedirla refuerza tu posición de que hubo un atropello a tus derechos.

En definitiva, la mejor estrategia para defender un despido nulo es demostrar que tras la excusa aparente late un motivo prohibido. El trabajador debe llevar al proceso todas las pruebas e indicios que apoyen esa sospecha. Una vez aportados, la balanza procesal obliga al empresario a justificar que el despido fue legítimo. Y si no lo logra, la sentencia declarará la nulidad.

La consecuencia de ganar esa batalla es significativa: recuperas tu empleo, tu salario y tus derechos como si nunca te hubieran despedido. Para el trabajador, lograr la nulidad es obtener la protección más fuerte del ordenamiento. Y para el empresario, es una sanción seria: además de abonar los salarios de tramitación (que pueden ser muchos meses o años si el juicio se alarga), tendrá que reincorporar al trabajador, lo quiera o no, con todas las implicaciones que eso tiene en la dinámica de la empresa. Por ello, en la práctica, cuando un despido puede ser nulo, muchas veces las empresas optan por llegar a un acuerdo antes del juicio (con indemnizaciones más altas) para evitar la readmisión forzosa.

En conclusión, el despido nulo es el muro de contención que el derecho laboral levanta para proteger los derechos esenciales de los trabajadores. Conocerlo bien y saber cómo afrontarlo es fundamental, porque marca la diferencia entre una indemnización y la continuidad en el puesto con todas las garantías.

En este capítulo hemos visto que, aunque todo tiene un final en la relación laboral, no todo final vale: hay formas de decir adiós que la ley sencillamente no permite. Cada adiós laboral tiene sus reglas, y la nulidad es la forma en que el ordenamiento dice: «Así, no. Así no se puede terminar esta historia».

10

MICROCONSEJOS (BONUS)

Graba conversaciones

Si estás en una situación comprometida en la empresa porque estás sufriendo presiones, si vas a reclamar tus derechos o si te convocan para despedirte, es muy importante que grabes las conversaciones. Es totalmente legal hacerlo sin avisar a la otra persona de que la estás grabando. Podrás utilizar tu móvil o cualquier grabadora para reuniones presenciales. En caso de que grabes conversaciones telefónicas, será mejor que lo hagas con una aplicación del propio móvil desde el cual estás teniendo la conversación. De cara a un juicio es importantísimo tener este tipo de grabaciones.

¿Te puede grabar tu jefe?

Tu empresa puede colocar cámaras siempre que no sea en lugares prohibidos, como zonas de descanso o vestuarios. Si tu jefe decide poner este tipo de cámaras, tendrá que informarlo por escrito o con la colocación de un cartel dentro de la instalación para que los trabajadores sean conscientes de que están siendo grabados. Estas cámaras solo podrán llevar audio si existe algún riesgo fundado, demostrable; si no existe ningún tipo de problema, no se podrá activar el audio de las cámaras ni escuchar tus conversaciones con otros compañeros.

Firma como «no conforme»

Si no estás de acuerdo cuando te van a despedir, firma toda la documentación como «no conforme». Es importante que lo hagas así debido a que hay empresas muy listas. He tenido citas con trabajadores que, sin querer, han firmado una baja voluntaria. El hecho de firmar y no leer lo que uno está firmando es muy peligroso. Si firmas una baja voluntaria, te puedes quedar sin paro y sin indemnización, lo cual no es plato de buen gusto para nadie.

No faltes a una cita con la mutua

Ya sea porque tienes una baja por accidente laboral o por enfermedad común, nunca faltes a una revisión con la mutua, porque te puede salir muy caro. Si faltas sin justificación, puedes quedarte sin cobrar durante tu baja. Es más, si esto te ocurre, reclamar para justificar tu falta y volver a cobrar no es barato, por lo que te aconsejo que seas bastante cuidadoso con estas citaciones y no se te pase ninguna.

Fichar con tu móvil personal

Tu empresa no te puede obligar a fichar con tu móvil personal. Te deberá suministrar uno para que fiches. Más aún cuando hay aplicaciones que tienen geolocalización, y esta solo se podrá hacer a través de un móvil de empresa.

¿Se puede viajar estando de baja médica?

Sí, se puede viajar, siempre que no vaya en contra de tu recuperación ni sea una actividad incompatible con tu proceso de baja. En todo caso, ten muy presente que, si vas a viajar estando de baja, no puedes faltar a ninguna revisión con tu médico. Lo mejor es pedir una autorización a tu médico y así evitar cualquier tipo de problema.

¿La cesta de Navidad es obligatoria?

No es obligatoria. Si la empresa no ha dado nunca una cesta de Navidad, no tiene ninguna obligación de hacerlo. En cambio, si se ha dado todos los años, será una condición más beneficiosa para los trabajadores y la empresa no podrá dejar de entregarla porque sí, deberá seguir un protocolo concreto para eliminar esa obligación. Si este protocolo no se sigue, se podrá reclamar.

¿Qué pasa con tus vacaciones si enfermas?

Ya es mala suerte, pero puedes tener un accidente o enfermar durante tus vacaciones. En este caso, podrás darte de baja médica y pausarlas. Debes tener claro que el tiempo que estés de baja no contará como vacaciones y podrás reactivarlas cuando te reintegres, si hay acuerdo con la empresa. De esta manera, nunca las perderás.

¿Te pueden prohibir el móvil en el trabajo?

Sí, es totalmente legal que la empresa te prohíba el móvil en tu trabajo. Lo deberá hacer a través de un decálogo de normas que debes firmar como anexo al contrato. En este decálogo no solo tendrá que venir recogida la prohibición, sino también la consecuencia de la misma. En definitiva, podrás ser despedido por usar el móvil en el caso de que exista este decálogo y lo hayas firmado.

Deja tus vacaciones por escrito

Antes de irte de vacaciones, deja por escrito que te has ido de vacaciones. Te parecerá una tontería, pero he visto empresas despedir a trabajadores por faltar al trabajo mientras que estaban disfrutándolas: como el empleado no tenía ninguna prueba que acreditara que realmente estaba de vacaciones, ha salido de la empresa sin indemnización.

No faltes al trabajo para intentar cobrar el paro

Hay muchas personas que intentan forzar su despido para poder cobrar el desempleo. Esto puede ser un error. El SEPE y la Inspección de Trabajo se han dado cuenta de que algunos hacen esa jugada y por eso investigan las causas por las cuales se deja de ir al trabajo. En caso de que no les convenzan, pueden solicitarte la devolución del paro, cortarte la prestación e incluso imponerte una sanción. Hay que aclarar que esta actitud se puede catalogar como un fraude.

No firmes el registro de jornada si no estás de acuerdo

Jamás deberás firmar un registro de jornada falso. Es muy contraproducente, porque es un fraude firmar un documento falso. Si no estás de acuerdo con el registro de jornada, es mejor que no lo firmes. Lo ideal es señalar en el registro la hora en la que has entrado y la hora real a la que has salido. Esto es muy útil de cara a reclamar horas extraordinarias si las realizas.

Si estás a jornada completa, no te pueden bajar las horas de contrato

El Estatuto de los Trabajadores lo regula. Si estás a jornada completa, la empresa no podrá reducirte las horas porque sí. Si lo hace, deberás reclamar para volver a tu jornada anterior y, de esa manera, recuperar también el salario de los meses que has estado a jornada parcial.

Acata y después reclama

Ante cualquier orden que no estés obligado a acatar por parte de tu jefe, te recomiendo que la lleves a cabo y después reclames. En España, este principio es primordial en el derecho laboral. Si te mandan realizar una tarea que no te corresponde según tu categoría, es mejor que la realices y después reclames por escrito.